상위 1% 프로골퍼의
하이멘탈 수업

헤세의서재

헤세의서재 블로그 https://blog.naver.com/sulguk
1등의책쓰기연구소 카페 https://cafe.naver.com/nunnara

기업인, 의사, 컨설턴트, 강사, 프리랜서, 자영업자의 출판 기획안, 출판 아이디어, 원고를 보내주시면 잘 검토해드리겠습니다. 좋은 콘텐츠를 갖고 있지만 원고가 없는 분에게는 책쓰기 코칭 전문 <1등의책쓰기연구소>에서 책쓰기 프로그램에 따라 코칭을 해드리고, 책 출판해드립니다. 자기계발, 경제경영, 병원경영, 재테크, 대화법, 문학, 예술 등 다양한 분야의 책을 출판합니다.

상위 1% 프로골퍼의 하이멘탈 수업

초판 1쇄 발행 2021년 6월 7일

지은이 황형철
펴낸이 고송석
발행처 헤세의서재
주소 서울시 서대문구 북가좌2동 328-1 502호(본사)
　　　 서울시 마포구 양화로 64 서교제일빌딩 824호(기획편집부)
전화 (02)332-4141
이메일 sulguk@naver.com
등록 제2020-000085호(2019년 4월 4일)
ISBN 979-11-967423-6-2-(03320)

ⓒ 황형철, 2021

이 도서의 국립중앙도서관 출판예정도서목록(CIP)은 서지정보유통지원시스템 홈페이지 (http://seoji.nl.go.kr)와 국가자료공동목록시스템(http://www.nl.go.kr/kolisnet)에서 이용하실 수 있습니다.

HIGH MENTAL CLASS

상위 1% 프로골퍼의

하이멘탈 수업

황형철 지음

헤세의서재

추천사

많은 사람들이 골프는 멘탈 게임이라는 말을 한다. 야구 또한 멘탈이 가장 중요하다.《상위 1% 프로골퍼의 하이멘탈 수업》은 정상으로 이끄는 노하우가 담겨져 있다. 상위 1% 프로를 꿈꾸는 모든 스포츠인에게 꼭 권하고 싶은 책이다.

- 前 KBO 키움 히어로즈 감독 손혁

골프투어를 오랜 시간 동안 해오면서 느낀 것은 스윙은 항상 변한다는 것이다. 그 변화를 빨리 알아차리고 변화를 줄 수 있는 사람이 상위 1% 하이멘탈의 소유자이다. 하이멘탈이 부족한 프로는 그 수명이 짧아질 것이고 하이멘탈을 갖춘 프로는 오랜 시간 투어를 뛰게 될 것이다. 그 비법이 궁금하다면 꼭 봐야 할 책이다.

- KPGA투어프로 황인춘

《상위 1% 프로의 하이멘탈 수업》은 정직한 책이다. 최고를 만들어주겠다고 허세를 부리기보다 개개인에게 적용할 수 있는 하이멘탈의 다양한 사례를 들어 스스로 깨우치게 해주기 때문이다. 이 책을 읽고 많은 독자들이 원하는 것을 얻을 수 있는 인생의 프로가 될 것이라 믿어 의심치 않는다.

– 사단법인 국민독서문화진흥회 회장 겸 숭실대 독서경영전략학과 주임교수 김을호

땅도 아니고 공도 아니다. 움직이는 건 오직 공치는 사람의 마음이다. 버려야 할 건, 골프채가 아니라 빗맞는 것에 대한 걱정이다. 그리고 바로 이것이《상위 1% 프로골퍼의 하이멘탈 수업》이 필요한 이유다. 이 책에는 25년간 골프 코칭에 몸담은 저자의 모든 것이 들어 있다. 그리고 그가 바로 내 스승이다.

– SBS 라디오 '드라이브 뮤직' 진행자 글 쓰는 DJ 래피

《상위 1% 프로의 하이멘탈 수업》은 흔히 접할 수 있는 골프 교습서가 아닌 자기계발서이다. 골프는 물론 일상에서도 적용할 수 있는 6가지 하이멘탈을 구체적인 방법으로 제시했다.

– 스포츠한국 대표이사 조상현

2013년 어느 시합에서 만났던 저자는 정직했다. 유쾌하고 매너가 있었다. 즉, 상위 1%프로다웠다. 수년 동안 지켜봐왔지만 그는 내가 아는 최고의 골프코치이다. 상위 1% 하이멘탈 수업은 저자의 모습을

그대로 보여준 책이다. 스포츠한국골프지도자연맹은 이런 저자와 함께하기로 했으며 앞으로도 한국골프와 연맹에 선한 영향력이 있는 지도자가 될 것이라 생각한다. 골퍼들뿐 아니라 일반인들에게까지 적용될 수 있는《하이멘탈 수업》을 추천하지 않을 수 없다.

- 스포츠한국골프지도자연맹 본부장 이종환

이 책은 프로 골퍼를 만들어내고 성장시키는 프로코치가 25년 동안 쌓아 온 모든 것을 담금질하여 벼리고 갈아서 내놓았다. 흔히들 멘탈 싸움이라 일컫는 골프에 몸담은 사람이라면 반드시 갖추어야 할 여섯 가지 '하이멘탈'의 중요성을 깨닫고, 이를 성장시켜 보자. 이를 통해 우리는 자기가 원하는 방향으로 경기를 이끌어가는 골퍼가 될 수 있을 것이고, 이를 바탕으로 더 나아가 자기 삶의 프로가 될 수 있을 것이다.

- 한국골프피팅협회 부회장 김종헌

저자 황형철 프로는 특유의 재치있고 유익한 골프레슨을 통해 골프 '잘알못'이었던 우리 회사 임직원들에게 골프에 대한 흥미를 일깨워준 감사한 은인이다. 20년 이상의 골프코치 내공으로 저술한 이 책은 상위 1%를 꿈꾸는 골퍼에게뿐만 아니라 오늘의 자신보다 내일의 자신을 더 나은 사람으로 경영하고자 꿈꾸는 모두에게 좋은 나침반이 되어줄 것이라 확신한다.

- (주)돕는사람들 유민호 대표이사(치킨플러스, 불불이족발 등 브랜드 운영)

좋은 인연을 원한다면 기다리기보다 찾아가고 다가가야 한다. 마찬가지로 삶의 변화를 원한다면 그 마음에 힘을 실어줄 하이멘탈을 갖춰야 할 시기다. 하이멘탈이 무엇인지, 왜 필요한지, 어떻게 내 것으로 만들 수 있는지 궁금하다면 《상위 1% 프로골퍼의 하이멘탈 수업》을 꼭 일독해 보길 권한다. 25년간 골프에 몸담으며 전문골프코치로서 한 길을 걸어온 저자의 앎과 삶이 녹아있는 글을 통해 이 책을 선택한 당신이 진정한 하이멘탈 프로가 되어 삶의 변화를 경험하길 응원한다.

- 《달리기가 나에게 알려준 것들》 작가 오세진

저자를 만난 건 45년 전이다. 그는 2녀 1남 중 막내로 태어나 어려운 형편 속에서 스스로의 길을 찾아 나섰고, 25년 동안 한결같이 골프에 매진했다. 대학 4년 내내 장학생으로 내 짐을 덜어주었는데, 나는 저자가 지방을 떠돌며 열정페이로 일하는 모습을 지켜봐왔다. 그런 그가 어느덧 이렇게 성장하여 《상위 1% 프로의 하이멘탈 수업》이란 책을 출간하게 되었다. 많은 것이 부족한 상황에서도 원하는 것을 얻을 수 있는 프로가 된 그가 바로 나의 아들이다. '하이멘탈 수업'을 통해 코로나로 어려움을 겪고 꿈을 잃은 분들에게 자신 있게 추천하는 책이다.

- 어머니 김옥선

CONTENTS

PART 7 상위 1% 하이멘탈 프로가 얻는 것들

하이멘탈로
상위 1% 프로가
되길 바라며

무식한 사람도 유식한 사람들과 오래 있으면 견문이 생긴다. 어떠한 일이든 오래 보고 들으면 할 줄 알게 된다. 그래서 "서당개 3년이면 풍월을 읊는다"는 말이 있다. 이처럼 한 분야를 오랜 세월 지속하다 보면 프로가 되는 경우가 있다. 프로란 모든 분야를 잘하는 사람은 아니다. 한 분야를 특별하게 잘하는 사람이 프로다.

나는 25년간 골프에 몸을 담아왔다. 전문골프코치로서 탄탄한 경력을 쌓아오고 있다. 골프에 매진하던 20년 전, 많은 동기와 선후배들이 투어프로가 되기 위해 달려갈 때 나는 잠시 다른 길을 생각했다.

'왜 꼭 투어프로여야만 하는가? 투어프로를 교육하는 골프코치의 길도 매력적이지 않는가?'

이때 투어프로가 될 수 있도록 돕는 전문골프코치가 되어야겠다고 다짐했다. 사실, 타이거 우즈, 아담 스콧, 박세리 같은 세계적인 프로골퍼 뒤에는 세계적인 골프코치가 있다. 이들은 부치 하먼, 데이비드 레드베터, 마이크 밴더, 숀 폴리 등 세계 10대 골프코치들에게 교습을 받았다. 세계 10대 골프코치들은 프로골퍼 출신이 아니다. 이들은 현재도 세계 정상급 플레이어 선수들을 지도하고 있다.

이후, 프로골프 선수는 물론 많은 아마추어들을 코칭 했다. 이렇게 오랜 세월을 통해 경력이 켜켜이 쌓이다 보니, 어느 순간 골프레슨 분야에서 많은 분들로부터 인정받는 전문골프코치가 되었다. 이제는 골프에 대한 내 나름의 전문가적인 견해를 가지게 되었다.

물리학자 뉴턴은 "어떻게 만유인력의 법칙을 발견했느냐?"는 질문에 "내내 그 생각만 하고 있었다"라고 간단하게 대답했다. 나 역시 20년 이상 내내 어떻게 하면 프로골퍼를 만드느냐를 생각만 했다. 과연, 아마추어 골퍼와 다른 프로 골퍼의 요건은 무엇일까? 모든 프로 스포츠의 선수처럼, 프로 골프 선수가 갖춰야 할 3가지 축이 있다. 첫 번째는 튼튼한 신체이며, 두 번째는 전문적인 기술이고, 세 번째는 하이멘탈(High mental)이다. 이 세 가지가 프로 골퍼를 만드는 기본적인 요소다.

이 세 가지 중에서 제일 중요한 게 하이멘탈이다. 프로골프 선수가 튼튼한 신체와 전문적인 기술을 잘 갖췄다하더라도 유리 멘탈이라면, 제 기량을 효과적으로 발휘하기 힘들다. 따라서 하이멘탈이 요구된다. 그래야 자기가 원하는 대로 경기를 운영할 수 있다.

하이멘탈(High mental)은 무엇을 말할까? 막연하게 말해서는 곤란하다. 내가 내내 생각한 끝에 찾아낸 하이멘탈은 6가지로 이루어져 있다. 그것은 바로 집중력, 자신감, 인내력, 매너, 융통성, 창의력이다. 이 6가지를 잘 발휘할 때 하이멘탈이 만들어진다. 이 가운데 집중력과 자신감, 인내력이 핵심적인 하이멘탈이며 매너와 융통성, 창의력이 보조적인 하이멘탈이다.

세계적인 프로 골프 선수들에게서는 어김없이 이 6가지 하이멘탈을 찾아볼 수 있다. 6가지 가운데 어느 것이 더 두드러지고 다른 것이 좀 가려질 뿐, 탁월한 프로골프 선수들은 공통적으로 6가지 하이멘탈을 가지고 있다.

나는 이 6가지 하이멘탈이 매우 중요하다고 본다. 그래서 이 책의 본론에서 프로골퍼가 갖추어야 할 하이멘탈 6가지의 중요성과 계발법을 구체적인 골프 사례로 설명하고 있다. 이를 통해 보다 생생하게 그리고 절실하게 프로의 하이멘탈의 중요성을 깨닫고, 또 하이멘탈을 성장시키는 훈련법을 터득하길 바란다.

이 책의 마지막 7부에서는 하이멘탈을 통해 일과 관계, 삶에서 얻을 수 있는 유익함을 설명했다. 프로의 하이멘탈이 운동에서만 활용되는 게 아니라 우리의 삶 현장에서 응용할 수 있음을 보여주었다. 누구나 하이멘탈을 습득한다면 경영, 협상, 설득, 공부, 관계, 건강, 행복의 프로가 될 수 있음을 강조했다.

우리는 치열한 경쟁 속에 살고 있다. 자신의 그라운드에서 바짝 정신줄을 붙들어 매야 경쟁 대열에서 뒤처지지 않고 살아남을 수 있다. 정신줄을 단단히 붙들어 맬 수 있는 비결이 뭘까? 그렇다. 이 책에서 소개한 프로의 하이멘탈이 당신의 정신줄을 단단히 붙잡아 줄 것이다. 이와 함께 원하는 것을 얻어줄 것이다.

골프에서 탁월한 솜씨를 뽐내고 싶은가? 그렇다면 하이멘탈을 자기 것으로 만들어야 한다. 예상보다 빠른 시간에 골프 실력이 향상될 것이다. 또한 일상과 관계, 비즈니스, 삶에서 원하는 것을 효과적으로 얻고 싶다면, 이 책의 하이멘탈을 내 것으로 만들라. 그러면 당신은 원하는 것을 얻을 수 있는 인생의 프로가 될 것이 확실하다.

내가 늘 가슴에 품고 있는 코칭의 철학을 되새기며 펜을 놓는다.

'기술은 물리학, 플레이는 심리학, 코칭은 철학이다.'

황형철

PART 1

하이멘탈은
왜 상위 1%를
만드는가?

01
프로 vs 아마추어

"프로정신을 가져라"

"프로처럼 행동하라."

어떤 분야의 프로가 되고 싶은 사람이라면 흔히, 접하는 말이다. 직장과 스포츠, 재테크, 학업 등 다양한 활동 영역에서 이런 말을 자주 듣게 된다. 어떤 일이든 제대로, 똑 부러지게 하라는 의미로 이 말을 사용하는 듯하다. 이렇게 자주 접하게 되는 '프로'의 진정한 의미가 무엇일까?

'프로'는 프로페셔널(professional)의 약자이다. 그 의미는 이렇다.

어떤 일을 전문으로 하거나 그런 지식이나 기술을 가진 사람. 또는 직업 선수.

이러한 프로의 뜻은 그 반대어 아마추어(amateur)와 비교하면 더 뚜렷하게 와닿을 것이다.

예술이나 스포츠, 기술 따위를 취미로 삼아 즐겨 하는 사람.

프로는 전문적인 사람이고, 아마추어는 취미로 하는 사람이다. 여기에 더해 보다 이 둘의 차이를 명확히 하는 기준 중 하나는 내가 갖고 있는 기술이 돈이 되느냐? 그렇지 않느냐에 있다. 프로는 자신의 전문적 지식과 기술을 경제적 가치로 만들 수 있는 직업을 가진 사람이며, 아마추어는 전문적 지식이 있더라도 그것을 경제적 가치로 만들지 못하는 사람이다. 결국, 전문적 지식과 기술을 갖춘 사람이 직업적으로 돈을 벌수 있는 사람이 프로이다.

어떤 분야에서든 아마추어가 프로를 이기기란 여간 쉬운 일이 아니다. 대부분은 취미로 고만고만한 전문 지식과 기술을 갖고 있지만, 프로는 다르다. 그 분야에 정통한 전문 지식과 기술을 갖추는 것은 기본이고, 생업으로 삼기 때문에 멘탈이 다르다. 자신이 잘 하는 것을 얼마나 완성도 있게 하느냐에 따라 생업을 잃을 수도 있고 그 반대로 큰돈을 벌수가 있다. 그래서 일에 대한 책임감이 강하다. 당연히 프로와 아마추어가 경쟁을 하면 프로가 이길 확률이 높다.

이런 이유로 해서, 사람들은 프로를 추켜세우는 것과 함께 프로정신을 갖고 프로처럼 행동하라고 말하곤 한다. 다양한 활동 영역의 경쟁 구도에서는 '프로'가 최고의 정신이기에, 마땅히 프로정신을 갖고 행동해야한다.

골프에서도 마찬가지다. 유명 골퍼를 가리켜 "박 프로", "최 프로", "김 프로"라고 호칭을 한다. 여기에서 '프로'는 곧 프로페셔널 (professional)이다. 이는 곧 그 골퍼가 직업적으로 골프를 해서 돈을 버는 자임을 말한다. 박 프로, 최 프로, 김 프로는 돈을 버는 생계 목적으로 골프를 하는 자임을 알 수 있다. 유의할 점은 취미로 골프하는 분들이 골프를 할 때 서로 "박 프로", "최 프로"라고 부르는 것은 이와 다르다는 점이다. 이는 서로 격을 높여서 호칭하는 것에 지나지 않는다.

우리나라에는 프로골퍼가 되는 과정이 있다. 여기에는 투어프로 과정의 프로 자격증과 티칭프로 과정의 자격증으로 나뉜다. KPGA와 KLPGA는 투어프로를 지망하는 분들이 거쳐야 하는 과정을 주관한다. 그리고 USGTF, KGFA, SGA, KAPGA, 한국티칭프로골프협회, 한국프로티칭골프협회, TPGA 등은 코칭을 위해 발급되는 지도자 자격증 과정을 주관한다.

그러면 아마추어 골퍼와 다른 프로골퍼의 특징이 무엇일까? 그것은 앞에서 언급했듯이 바로 생업으로서 이윤 추구다. 아마추어 골퍼는 돈보다는 우승이라는 명예를 추구한다. 이에 반해 프로골퍼는 엄청난 부를 추구한다. 아마에서 프로로 전향한 많은 선수들은 최선을 다한 만큼 커다란 금전적 성과를 바라고 있는 게 사실이다.

오픈대회에서는 프로와 함께 일부 아마추어에게도 기회가 주어진다. 하지만 아마추어는 우승을 하더라고 명예만 얻을 뿐 상금을 받지 못한다. 프로는 당연히 우승과 함께 상금을 거머쥔다.

바로 이 결정적인 '생업으로서의 이윤 추구'가 프로골퍼를 아마 선수가 감히 넘볼 수 없는 경지에 올려놓는다. 프로는 그 분야에 적합한 체계적인 훈련을 통해 탁월한 육체적, 기술적, 정신적 역량을 가지고 있다. 그래서 아마는 프로의 상대가 되려야 될 수가 없다. 아마추어와 프로의 리그가 원천적으로 다르게 운영될 수밖에 없다. 고로 위대한 골퍼이자, 역사에 한 줄을 남긴 골퍼는 당연히 프로골퍼이다. 골프에서 볼 때, 최고 실력자는 곧 프로골퍼가 아닐 수 없다.

우리는 아마추어가 아닌 프로에게서 배울 게 참으로 많다. 많은 사람들이 프로정신을 강조하고, 프로처럼 행동하라고 하고 있다. 우리가 다양한 영역의 활동에서 지지 않고 이겨내려면, 아마추어의 틀을 버리고 프로로서 생각하고 행동해야한다. 프로 정신을 가질 때, 치열한 경쟁 구도 속에서 살아남을 수 있다.

02
프로를 만드는 3가지 축

프로골퍼에게는 구체적으로 어떤 역량을 가지고 있을까? 인생을 걸고 죽기 살기로 골프에 매진하는 선수들에게는 탁월한 역량이 있다. 이름만 들어도 가슴이 설레는 프로골퍼들의 이름을 호명해보자.

타이거 우즈, 박세리, 박인비, 한희원, 고진영, 김세영, 최경주, 양용은

과연, 이들은 어떤 역량을 가지고 있을까? 크게 세 가지 축에서 살펴볼 수 있다. 튼튼한 신체, 전문 기술, 하이멘탈(High mental)이다. 몸이 튼튼한 것은 프로 골퍼의 기본 요건이다. 그것만으로 부족하기에 전문기술이 요구된다. 그런데 이것으로 끝나는 게 아니다. 탄탄한 신

체를 갖추고 전문 기술을 습득한다고 해도 우승 문턱에서 번번이 탈락하는 일이 비일비재하다. 그래서 하이멘탈이 필요하다. 하나씩 살펴보자.

첫 번째 축, 튼튼한 신체

골프전문코치로서 아마추어 선수와 프로 선수들을 두루두루 접한다. 이때, 한눈에 봐도 상대가 아마인지 프로인지를 구별할 정도가 되었다. 프로들은 신체 관리를 잘하기 때문에 신체 능력이 최상이다.

아마가 백여 개 정도 스윙을 하고 나면 지쳐 나가떨어지는 것에 반해, 프로는 수 백 개 스윙을 거뜬히 해낸다. 그리고 골프는 수십 만 평의 넓은 부지 위에서 장시간 4라운드 72홀을 도는 경기다. 따라서 엄청난 체력이 요구된다. 프로는 수없이 스윙을 하고, 장시간 제 페이스를 유지하면서 골프경기를 풀어나간다.

한국이 낳은 영원한 골프의 여왕, 박세리. 그녀는 LPGA 투어에서 메이저 5승을 포함해 통산 25승, 아시아인 최초 명예의 전당 입성이라는 대기록을 세웠다. 그녀는 전성기 시절 쉬지 않고 한 달 내내 필드에 나설 정도로 강철 체력을 자랑했다. 과연, 이는 우연히 만들어진 걸까? 이는 그녀의 강인한 다리에서 그 이유를 찾을 수 있다. 그녀는 어릴 때 아버지로부터 엄청난 체력훈련을 받았다고 한다. 이때 그녀가 했던 가장 고된 훈련은 아파트 계단 오르내리기였다. 골프를 시작한 후 하루도 빠지지 않고 15층 아파트 계단을 오르내렸다. 이를 통해 하체가 단련됨과 동시에 체력이 향상되었다.

최근 프로골퍼들에게는 특히 근력 운동이 중요시되고 있다. 골프 황제 타이거 우즈, 로리 매킬로이, 더스틴 존슨, 브룩스 켑카 등이 대표적이다. 우리나라의 경우, 74회 US 여자 오픈 우승을 차지한 이정은을 들 수 있다. 그녀는 한국에서 100kg 역기를 들고 스쿼트를 했다. 스윙의 안정감, 비거리 증가, 지치지 않는 체력을 위해 튼튼한 신체가 기본 요건이다.

두 번째 축, 전문 기술

프로로서 인정을 받으려면 골프 전문 테크닉(스윙, 어프로치, 칩샷, 벙커, 퍼팅 등)을 연마해야한다. 즉, 자신이 하고 있는 분야에서 필요로 하는 전문 기술을 훈련해야 한다. 이렇게 할 때 골프 전문 기술을 자신의 것으로 만들 수 있다. 하지만 이는 하루아침에 되지 않는다. 적당히 게으름 피우면서 훈련을 한다면 고도의 전문 기술을 자신의 것으로 만드는 게 불가능하다. 프로는 잠자고 쉬는 시간을 제외하고 모든 시간을 연습에 바친다. 이때 체계적이고 과학적인 트레이닝을 받는다. 단순히 연습을 될 때까지 열심히만 하는 아마추어와 대조적이다.

프로는 스윙, 스트로크, 퍼팅, 칩샷 등을 자신만의 연습 루틴으로 수 없이 반복한다. 이렇게 할 때 정교한 기술이 자신의 몸에 안착이 된다. 내로라하는 프로 가운데 전문 기술이 떨어진 선수는 찾아보기 힘들다. 결코 요행으로 인정받을 수 없는 스포츠 중 하나가 골프다.

세 번째 축, 하이멘탈

골프의 제왕, 잭 니클라우스는 "골프의 구성요소 중 50%는 멘탈, 40%는 셋업, 그리고 나머지 10%는 스윙이다"라고 말했다. 우리나라의 메이저 퀸, 고진영 또한 멘탈 관리를 통해 우승을 거머쥐고 있다. 그녀는 "우승에 대한 욕심을 버리고 나니 우승이 따라왔다"고 말했다.

김효주도 멘탈을 잘 유지하는 것으로 유명하다. 그녀는 17세 때 〈멘탈 노트〉에 2028년 LPGA 명예의 전당 입성이라는 꿈을 적어 놓았다. 그리고 그 목표를 이루기 위한 중·단기 계획을 세우고 지금 해야 할 것을 실천하고 있다. 이를 통해 흔들리지 않는 '하이멘탈(High mental)'을 유지하고 있다. 구체적으로 보면, 하이멘탈에는 집중력, 자신감, 인내력, 매너, 융통성, 창의력 6가지가 있다.

03
프로의 하이멘탈 6가지

"다른 어느 훈련도 마찬가지겠지만 멘탈 훈련에 노력을 기울인다면 그만큼의 보상이 주어질 것이다. 만약 선수들이 이런 것에 무관심하다면 경기력에 대한 변화는 기대할 수 없을 것이다. 하지만 멘탈 훈련을 열심히 한다면 자신의 게임은 향상될 것이다. 선수들은 이런 경험에 기분 좋게 놀랄 것이다. 결코 마음의 힘을 과소평가해서는 안 된다."

세계적인 골프 심리 전문가 밥 로텔라의 말이다. 그는 "멘탈은 15번째 골프클럽"이라고 할 정도로 멘탈을 몹시 중요시했다. 실제로 골프는 플레이하는 매순간 멘탈이 큰 변수로 작용한다. 흔들리지 않는, 하이멘탈(High mental)을 가지고 있어야 제 기량을 마음껏 펼칠 수 있다. 아무리 뛰어난 실력을 갖춘 선수라고 해도 쉽사리 동요되는 유리

멘탈을 가지고 있다면, 우수한 프로 선수가 되기 힘들다.

프로에게 요구되는 하이멘탈 6가지를 자세히 살펴보자. 프로의 하이멘탈에는 집중력, 자신감, 인내력, 매너, 융통성, 창의력 6가지가 있다. 이 가운데 집중력, 자신감, 인내력은 프로의 핵심적인 하이멘탈 3가지이며, 매너, 융통성, 창의력은 프로의 보조적인 하이멘탈 3가지이다.

- 집중력, 자신감, 인내력 – 프로의 핵심적인 하이멘탈 3가지
- 매너, 융통성, 창의력 – 프로의 보조적인 하이멘탈 3가지

골프에서 보통 '멘탈'이라고 할 때 그것은 집중력, 자신감, 인내력을 말한다. 집중력과 자신감, 인내력을 위해 새삼 정신 무장이 필요할 때, 멘탈을 강조한다. 실로 이 3가지 핵심적인 프로의 하이멘탈은 경기 승패를 결정짓는 매우 중요한 요소다. 하나씩 살펴보자.

집중력(concentration)

가끔 누가 불러도 아랑곳하지 않고 자신의 일에만 집중하는 경우가 있다. 마음과 주의를 한곳에 집중하고 있는 상태이다. 돋보기로 종이를 태워본 적이 있는가? 종이를 태울 정도의 화력이 생기기 위해서는 초점을 잘 맞춰야한다. 이렇게 할 때 종이가 화르르 불타오른다. 이처럼 프로 골퍼가 자기가 하는 행동에 초점을 모을 때, 잠재력

을 폭발시킬 수 있다.

자신감(self - confidence)

어떤 일을 해낼 수 있다거나, 어떤 일이 꼭 그렇게 되리라고 굳게 믿는 것을 말한다. 프로 골퍼가 어려운 경기를 할 때가 되면 마음에 큰 파도가 친다. 경기가 잘 풀릴 때는 자신감이 높아지고, 경기가 뜻대로 안 풀릴 때는 자신감이 떨어진다. 이렇게 자신감이 오르락내리락 하는 것은 좋지 않다. 진정한 프로는 늘 일정하게 자신감을 유지한다. 즉, 자신감은 평정심을 유지하는 능력이기도 하다.

인내력(endurance)

괴로움과 어려움을 참고 견디는 힘을 말한다. 나는 괴로움과 어려움을 '저항'이라 생각하고 있으며, 이 저항을 극복하면서 멘탈이 근육처럼 성장한다고 본다. 프로 선수에게는 장기적 인내와 경기시의 인내력이 요구된다. 초등학생 때부터 시작해서 프로 선수로 데뷔하기 위해서는 참으로 오랜 시간 고통스러운 훈련을 참아내야 한다. 그리고 경기에 임할 때도 마찬가지다. 예상치 못한 복병을 만나는 일이 많다. 이때 그것에 무너지지 말아야한다. 프로는 참고 또 참아서 그것을 극복해 낸다. 사람은 저항을 통해 성장한다.

이러한 프로의 하이멘탈 3가지는 아주 중요한 축이지만 이것으로는 완벽하지 않다. 현장에서 25여 년 간 골프를 해오면서 프로골퍼를 코칭해온 관점에서 볼 때, 그 외에도 프로의 하이멘탈에 큰 변수로 작용한 것을 발견했다. 그것이 바로 보조적인 프로의 하이멘탈 3가지다. 하나씩 알아보자.

매너(manner)

예의와 절차를 말한다. 아놀드 파머, 잭 니클라우스와 같은 전설적인 골퍼들이 존경받는 이유는 좋은 매너 때문이다. 이와 함께 이들은 경기 면에서도 최고 실력을 뽐내었다. 훌륭한 매너는 프로 선수의 기본 자질이어야 한다. 특히, 골프는 매 홀 심판이 없는 스포츠이기에 더더욱 매너가 중시된다. 전설적인 골퍼들은 정직하게 게임을 할 때 좋은 결과가 나온다는 것을 입증하고 있다.

융통성(flexibility)

사정과 형편을 보아 일을 처리하는 재주를 말한다. 이것의 반대말은 성질의 외곬인 '고지식'이다. 그라운드에서 생기는 다양한 변수에 효과적으로 대처하기 위해서는 유연한 태도가 요구된다. 오로지 하나의 방식을 고집한다면 경기를 술술 풀어가기 힘들다. 프로는 상황에 따라 정해진 룰과 기술의 틀을 융통성 있게 과감히 벗어난다.

창의력(creativity)

새로운 것을 생각해내는 능력을 말한다. 융통성은 기존에 있던 방법 중 한 가지를 선택하는 능력이라면, 창의력은 기존에 없는 방법을

만들어내는 능력이다. 공이 한 지점에서 다른 한 지점으로 가는 방법
은 무수히 많다. 그래서 창의력이 필요하다. 전통적인 방식을 기본으
로 하되, 보다 효율적으로 원하는 지점에 다양한 방법으로 볼을 떨어
뜨릴 수 있는 방법을 생각해 낼 수 있어야한다. 세계적인 프로골퍼는
획일화된 방법만으로 경기를 하는 경우가 보기 드물다. 전혀 생각지
못한 기발한 방법으로 원하는 결과를 얻어낸다. 프로골퍼는 독창적
으로 새로운 방법을 고안하고 훈련을 해야 한다.

04
집중력과 자신감,
인내력은 하나다

"집중하십시오."

"자신감을 가지세요."

"인내하십시오."

흔히, 접할 수 있는 응원 구호다. 골프 경기에서 한 프로골퍼가 결정적 순간을 맞이할 때 필요한 것이 바로, 집중력과 자신감 그리고 인내력의 핵심적인 하이멘탈 3가지이다. 그런데, 이 세 가지가 각기 따로 분리되는 것이 아니다. 집중력은 집중력에만, 자신감은 자신감에만, 인내력은 인내력에만 한정되는 것이 아니다.

집중력을 가지면 집중력만 생기고, 이는 자신감과 인내력과 상관이 없을까? 자신감을 가지면 이는 집중력과 인내력과 상관이 없을까? 인내력을 발휘하면, 이것은 집중력과 자신감과 전혀 연관이 되지 않을까?

실제 필드 경기에서 프로골퍼의 예로 들 때, 핵심적인 프로의 하이멘탈 3가지는 결코 따로 분리되어 있지 않는다. 프로의 하이멘탈 3가지는 서로 유기적으로 연결되어 있고 통합되어 있다. 한 프로 선수가 고도의 집중력을 발휘할 때 그 순간 자신감과 인내력이 동시에 높아지게 된다. 자신감을 가질 때는 집중력과 인내력이, 인내력을 가질 때는 집중력과 자신감이 높아지게 된다.

이를 뇌 과학의 관점에서 살펴보자. 사람에게는 좌뇌와 우뇌가 있다. 좌뇌는 이성적이고 수학적이다. 그래서 이론, 정렬, 순서, 숫자를 좋아한다. 집중력이 좋기 위해서는 순서를 좋아하는 좌뇌를 이용해야한다. 이와 달리 우뇌는 상상, 창의력, 느낌, 센스를 좋아한다. 즉, 감성적이다. 이곳에서 자신감과 인내력을 관장한다.

그렇다면 실전 골프에서 좋은 결과를 낼 때 어떤 뇌가 발휘될까? 좌뇌만도 아니고, 우뇌만도 아니다. 좌뇌와 우뇌가 마치 스위치처럼 상황에 알맞게 번갈아 사용하게 되는 것이다. 이성적 지식이 아무리 많아도 감성이 없으면 실패하기 일쑤다. 따라서 좌뇌가 순서를 조합하여 집중력을 발휘하면 동시에 우뇌는 자신감과 인내력을 만들어낸다. 좌뇌와 우뇌는 어느 한쪽이 지배적이면 안 되며, 균형 있게 통합이 되어야한다. 이때, 최고의 집중력과 자신감, 인내력의 하이멘탈 3가지가 빛을 낸다.

우리나라가 월드컵 신화를 썼던 2002년 월드컵 8강전. 당시, 한국과 스페인 경기 중 홍명보 선수의 마지막 승부차기를 기억할 것이다. 수만 명의 관중과 전 세계 축구팬들이 보는 상황에서 홍명보 선수가 마지막 킥을 차는 순간은 참으로 엄청난 멘탈이 요구된다.

홍명보 선수는 승부차기에 성공했다. 홍명보 선수가 마지막 승부차기를 단순히 발로 차는 기술만으로 성공시켰다고 볼 수 있을까? 아니다. 어떤 결과를 얻기 위해서는 기초체력을 바탕으로 하는 운동신경, 그 운동에 필요한 기술, 그것을 실행하는 하이멘탈 3박자가 맞아야 가능하다. 홍명보 선수는 이 가운데 운동신경과 기술은 이미 충족이 된 상태였다. 문제는 집중력, 자신감, 인내력의 3가지 핵심적인 하이멘탈이다. 홍명보 선수는 이 3가지 하이멘탈을 하나로 통합해 성공적으로 발휘해낸 것이다.

홍명보 선수는 매번 해오던 자신만의 순서를 지킴으로써 집중력을 발휘했다. 그리고 그에게는 그동안 수없이 많이 찼던 승부차기의 성공 경험, 많은 연습을 통해 자신감을 가지고 있었다. 이 자신감이 솟구쳤다. 여기에다 그에게는 불굴의 근성, 끈기와 함께 성공에 대한 꿈이 있었다. 그에게는 마지막 승부차기를 통해 승리하게 된다면 온 국민이 기뻐하고 그 후에 따라오게 될 엄청난 베네핏에 대한 절실한 꿈이 있었다. 이렇게 해서 인내심이 발휘되었다.

이 3가지 하이멘탈을 놓고 어느 것이 먼저고 어느 것이 다음이냐, 어느 게 주도적이고 어느 게 부수적이냐고 따지는 건 무의미하다. 이 3가지 하이멘탈은 동시에 통합적으로 폭발하듯이 터져 나왔다. 이러한 하이멘탈의 3가지 통합은 의식으로 가능하지 않는다. 홍명보 선수는 무아지경이란 무의식 속에서 집중력, 자신감, 인내력을 한 박자에 끌어낸 것이다.

그래서 나는 레슨을 할 때마다 이렇게 강조하고 있다.

"집중력, 자신감, 인내력은 서로 불가분의 관계를 맺고 있습니다. 하나만 탁월하게 발휘되는 일이 없습니다. 집중력이 좋다면 자신감, 인내력이 함께 좋은 것입니다. 따라서, 집중력만 좋아도 자신감과 인내력이 좋아집니다. 집중력과 자신감, 인내력은 결국 하나입니다."

집중력과 자신감, 인내력이 하나라는 것은 놀라운 사실이 아니다. 나는 25여 년 골프 하나에 매진해왔다. 특히, 골프전문코치로서 괄목한 성과를 내오고 있다. 이 과정에서 멘탈의 중요성을 절감해왔다. 골퍼의 멘탈 1% 차이 때문에 우승과 패배 사이를 오락가락한다는 것을 잘 알고 있다.

신인 프로골퍼를 지도했던 적이 있다. 기억에 남는 두 선수가 있는데 기량 차이가 한눈에도 뚜렷했다. K 선수는 비거리, 스코어 면에 월등히 앞섰고, B 선수는 비거리, 스코어가 그 선수에 비해 뒤쳐졌다. 연습 경기를 할 때마다 K 선수는 우수한 실력을 보였고, B 선수는 그보다 실력이 좀 떨어졌다.

그런데 중요한 실전 경기에서는 예상 밖의 결과가 나오곤 했다. K 선수를 제치고 B 선수가 높은 등수를 차지하는 일이 생겼다. 그러던 어느 날에는 B가 우승을 차지하는 일이 생겼다. 나는 그 이유를 굳이 찾아보지 않아도 알 수 있었다. 멘탈 면에서 K 선수와 B 선수가 차이를 보였기 때문이다.

K 선수는 늘 성적에 예민한 반응을 보였고, 실패에 대해 자책하는 모습을 자주 보였다. 그리고 생활, 연습 루틴이 일정하지 못해서 경기 당일에 최고의 컨디션과 함께 고도의 집중력을 유지하지 못했다. 그래서 자신감이 흔들렸고, 인내력이 떨어졌다.

이와 달리 B 선수는 성적에 홀가분한 태도를 보였고, 실패에도 묵묵하게 자기 할 일을 해나갔다. 그리고 생활, 연습 루틴이 늘 일정했기에 경기 시에 최고의 몸 상태에서 집중력과 함께 자신감, 인내력을 통합적으로 잘 끌어올렸다.

사소한 멘탈의 차이가 큰 변화를 가져온다. 프로의 세계에서는 특히 3가지의 핵심적인 하이멘탈이 매우 중요하다. 그 3가지 하이멘탈이 하모니가 되어 폭발할 때, 1% 상위 프로 골프 선수에 한 걸음 다가설 수 있다.

성경에 "먼저 된 자로서 나중되고 나중된 자로서 먼저 될 자가 많으리라"는 말이 있다. 경기가 끝날 때 까지 끝난 것이 아니다. 오늘 잘됐다고 내일 잘 된다는 법이 없고 오늘 안됐다고 내일 안된다는 법이 없다. 그저 묵묵히 소신을 갖고 자신의 길을 가기 위한 평정심이 유지 되어야 한다.

05
원하는 것을 얻어내는
프로의 하이멘탈

누군가에게 맛집을 추천한다고 하자. 그러면 기본적으로 그 맛집이 얼마나 맛있게 음식을 잘 만드는지에 대한 경험이 필요하다. 그 맛집에서 판매하는 여러 음식을 맛있게 먹은 적이 있어야한다. 그래야 자신 있게 주위 사람들에 이렇게 말할 수 있다.

"이 맛집 정말 최고입니다. 강추입니다."

이처럼 나는 프로의 하이멘탈에 대한 유익한 경험이 있었기 때문에 자신 있게 프로의 하이멘탈 6가지를 소개할 수 있다. 나의 사례를 말씀드릴 수 있다.

어려서부터 나는 공부에 대한 성과가 좋지 못한 편이고 성격이 내성적이고 비사교적인 타입이었다.

이런 내가 골프와 함께 하는 시간이 늘어가면서 변화했다. 나는 골프 레슨을 위해 관련 책을 보고, 또 강연을 위해 다양한 책을 보아왔다. 이때 책 한권을 보려면 보통 일주일이 소요되었다. 책에 대한 집중력이 좋지 않은 탓에 잡념이 많았다. 그런데 어느 순간 나도 모르게 탄성을 내질렀다. 새로 구입한 책을 앉은 자리에서 다 읽어버린 것이다.

그 이유는 다른 데 있지 않았다. 책을 읽는 동안 나는 단 한순간도 잡생각을 하지 않았고, 책의 내용에 빨려들어 갔다. 이런 일이 우연히 생긴 게 아니었다. 이제는 어떤 책이든 여러 시간 동안 고도의 집중력을 발휘해 몇 시간 내에 독파가 가능하다. 책뿐만 아니라 새로운 기술과 지식을 습득할 때도 그랬다. 엄청난 집중력을 발휘해 빠르게 내 것으로 만들어냈다. 하루는 BTS의 '다이너마이트'라는 노래를 들으며 한 번 외워서 불러봐야겠다는 생각으로 유튜브를 보며 노래 연습을 했다. 이후, 며칠 간 시간이 날 때마다 조금씩 연습을 했는데 금세 가사를 외울 수 있었다. 이 집중력은 골프를 하면서 얻어진 프로의 하이멘탈이다.

이와 함께 내성적인 사람이 강연자로 나서기가 쉽지 않다. 그런데 내가 몇 번의 시행착오 끝에 완성도 높은 강연을 해내고 있다. 누군가는 '골프 강연계의 설민석'이라고 불러주기도 한다. 내게는 골프를 하면서 얻어진 프로의 하이멘탈 자신감이 있었다.

그리고 나는 무려 25여 년 간 골프를 해왔다. 이 사실 하나만 놓고 사람들은 오해를 한다. 나를 프로골퍼 출신으로 보거나, 집안 사정이

풍족했을 것이라고 추측한다. 전혀 그렇지 않다. 25년여 전, 나는 골프를 함께 시작했던 대학 동기들 중에서 실력이 중간 수준에 머물렀다. 그리고 대학 때부터 수많은 알바를 하면서 학비를 벌고 생계를 유지했다. 골프를 배우려면 많은 돈이 필요한데 돈이 없어서 헐값으로 온갖 궂은일을 대신해야했다. 이렇게 보낸 시간이 장장 25여 년이다. 보통의 인내심이 아니면 결코 지금까지 오지 못했을 것이다.

하지만 내게는 골프를 해오면서 다져진 하이멘탈 인내력이 있었다. 골프전문코치라는 꿈이 있었기에 실패해도 다시 도전할 수 있었다. 나는 목적지를 향해 가는데 잠시 길에서 넘어졌다고 가던 목적지를 바꾸고 싶지는 않았다. 그저 나에게는 엄청 힘든 과정을 존나 버티는 '존버력'이 있었다.

매너, 융통성, 창의력도 빼놓을 수 없다. 오랜 동안 '신사의 스포츠' 골프를 해오면서 저절로 나에게는 하이멘탈 매너가 몸에 배였다. 겸손하고 정직한 자세로 타인을 존중하면서 상대가 불편해 하지 않을 만큼의 예의를 지키고 있다.

그리고 골프를 해오면서 하이멘탈 융통성이 크게 발달했다. 한 가지만 고집하는 틀에 박힌 방식보다는 좀 더 다양한 방식을 추구하고 있다. 이를 통해 나와 잘 안 맞는 유형의 사람을 만날 때, 내 취향을 고집하지 않고 융통성 있게 원만한 관계를 유지하고 있다.

마지막으로 골프를 통해 문제를 해결하는 하이멘탈 창의력이 늘 샘솟고 있다. 이는 좌우가 트이고 하늘을 보며 즐기는, 드넓은 필드에서 열리는 골프 경기 특성상 오른쪽 뇌를 많이 사용하기 때문이다. 자연스럽게 공간지각능력이 발달하면서 창의력이 높아졌다.

이렇게 해서 나는 프로의 하이멘탈 6가지 효과를 톡톡히 본 장본인이 되었다. 프로의 하이멘탈 6가지로 인생 역전을 했다고 할 만큼 스스로의 변화에 감사하고 있다. 그래서 당당히 여러분에게 프로의 하이멘탈을 적극 추천해드릴 수 있다.

"우리가 살아가면서 프로가 되기 위해 갖춰야할 6가지 하이멘탈을 강추합니다. 프로의 하이멘탈로 당신이 원하는 것을 얻어낼 수 있습니다. 골프와 라이프 두 마리 토끼를 원하는 대로 골라잡아 보세요."

72홀 4라운드를 플레이하는 골프는 인생의 압축판이다. 그래서 탁월한 프로골프 선수의 하이멘탈 6가지는 우리네 인생을 살아가는 데 갖추면 좋은 무기가 된다. 여러 분야의 사람들에게 프로의 하이멘탈 6가지가 매우 유익할 것이다.

사람들이 원하는 꿈, 목표를 향해서 하루하루 사회생활을 해나가는 것은 골프 경기와 유사하다. 프로골퍼는 원하는 곳으로 공을 쳐서 최소 타수로 홀을 도는 것을 목표로 경기를 임한다. 이때 프로 골퍼에게 하이멘탈이 요구된다. 이 하이멘탈을 통해 프로골퍼는 제 기량을 아낌없이 펼칠 수 있다. 즉, 하이멘탈이 스윙기술을 최고로 발휘되게 한다.

이렇듯 인생을 원하는 대로 이끌어가기 위해서는 자신의 기술을 잘 발휘할 수 있도록 하는 하이멘탈이 필요하다. 목표를 이루기 위해서는 단지 튼튼한 신체 건강과 해당 분야 전문 기술만으로는 부족하다. 멘탈이 강해야한다. 구체적으로 프로의 하이멘탈 6가지 집중력, 자신감, 인내력, 매너, 융통성, 창의력이 탄탄해야한다. 이것을 온전히 자기 것으로 만들 수 있다면, 인생이라는 그라운드에서 결코 쉽게 경쟁에서 뒤처지지 않는 경기를 운영할 수 있을 것이다.

앞으로 프로의 하이멘탈 6가지를 차례대로 2부, 3부, 4부, 5부, 6부에서 살펴보자. 마지막 7부에서는 프로의 하이멘탈을 통해 삶의 현장에서 얻게 되는 유익함을 알아보겠다.

가치 투자가 워렌 버핏의 골프 내기

• • •

'오마하의 현인'으로 불리는 가치 투자가 워렌 버핏. 그가 간간이 유명 기업인들과 골프를 한다는 소식이 전해지고 있다. 이 가운데 그의 투자 철학이 골프 내기 일화로 소개되는 것이 있다. 실제로 이런 일이 있었다.

워렌 버핏이 한 기업 CEO와 골프를 했다. CEO가 그에게 내기를 제안했다.

"이번 홀에서 당신이 2달러를 걸고 티샷을 해 홀인원을 하면 내가 1만 달러를 주겠소."

워렌 버핏이 단칼에 거절했다.

"저는 그렇게 확률이 낮은 도박을 하지 않습니다."

무안해진 CEO가 말했다.

"겨우 2달러밖에 되지 않는데 뭘 그러십니까?"

워렌 버핏이 말했다.

"2달러로 투기를 하는 사람은 1만 달러를 손에 쥐어줘도 마찬가지로 투기를 합니다. 이길 확률이 없는데 요행을 바라는 것은 투기꾼이나 할 짓이지 투자자가 할 일이 아니지요."

그는 작은 돈이라고 해서 허투루 쓰지 않았다. GE 회장 잭 웰치, 빌 게이츠, 워렌 버핏, 메빌 회장인 프랭크 루니가 함께 골프를 쳤을 때도 그렇다.

버핏이 1번홀에서 파 퍼트를 성공했다. 그러자 게이츠가 말했다.

"이것으로 내기는 끝이군요."

그러면서 그에게 1달러를 건넸다. 잭 웰치가 그 사연을 물었다. 알고 보니, 버핏과 게이츠는 먼저 파를 잡는 사람이 이기는 것으로 하고 고작 1달러 내기를 한 것이다. 세계 최고 부자인 버핏과 워렌 버핏은 고작 1달러를 걸고 골프 내기를 한 것이다.

PART 2

집중력이
프로의
기본조건이다

01
도미노처럼
정확한 순서를 반복하라

글을 읽기 전에 잠시 심호흡을 해보자. 집중력은 어디서 올까? 과연 어떻게 하면 집중을 더 잘 할 수 있을까? 어렵게 생각하지 말자. 여러분은 어떤 글을 무의식적으로 집중해서 읽은 경험이 있을 것이다. 그 이유가 단지 재밌는 내용이 있기 때문일까? 그렇지 않다.

재미있는 내용이 순서를 따를 때, 비로소 저절로 집중할 수 있다. 이 순서가 곧 매뉴얼이다. 매뉴얼(Manual)의 사전적 의미는 이렇다

내용이나 이유, 사용법 따위를 설명한 글

흔히, '사용설명서'라고 통용되고 있다. 이러한 매뉴얼의 핵심은 사용법을 순서에 맞게 기술하는 데 있다. 짜임새 있는 순서가 없다

면, 사용설명서는 그 존재 가치가 없다고 해도 과장되지 않는다. 사용설명서로서 제대로 기능을 하지 못하기 때문이다.

세 명의 사람이 한 방에 있는데 한 사람은 명상전문가, 한 사람은 일반인, 한 사람은 소방관이라고 가정해 보자. 마침 방에 불이 났다면 이 상황에서 가장 빨리 집중력을 발휘해 상황을 대처할 수 있는 사람은 누구일까? 그렇다. 바로 소방관이다. 일반인과 명상전문가가 허둥지둥 대면서 힘들게 일을 하는 것과는 다르게 평소 불이 났을 때 어떤 순서로 대응해야하는지 훈련되어 있는 소방관이야말로 이 상황에 가장 빠르게 대응할 수 있는 집중력을 발휘한다. 그렇지 못한 아마추어와는 대조적이다. 그 이유가 뭘까? 소방관은 많은 시행착오를 통해 해야 할 일과 하지 말아야 할 일을 구분하고, 이를 통해 해야 할 일에 대한 순서, 곧 매뉴얼을 터득했기 때문이다.

골프를 비롯한 모든 분야의 프로들도 이와 같다. 프로는 탁월한 집중력을 발휘하기에 최소의 에너지와 시간을 투자하며 늘 최고의 성과를 이루어낸다. 프로는 순서, 매뉴얼을 터득했기에 일을 쉽게 해낸다.

'잠이 부족해서 그런가?'

'식곤증 때문인가?'

어릴 적부터 교회를 다녔던 나는 이상하게 교회만 가면 졸렸다. 안 자려고 애를 써도 자꾸 졸려서 창피함을 억지로 누르며 예배 시간을 지켜야 했다. 집중을 하려고 아무리 노력을 해도 집중이 안 되는 상황, 과연 무엇 때문이었을까?

집중력에 대해 잘 알고 있는 지금에서야 원인을 알게 되었다. 목사님 설교의 기승전결이 나에게 와닿지 않았기 때문이다. 초등학생의 눈높이에 맞춰 쉬운 예를 들어가면서 재밌게 설교가 기승전결의 순서를 따라갔다면 나는 눈빛을 초롱거리며 집중했을 것이다. 하지만 목사님은 대다수 어른들 상대로 설교를 했다. 그래서 목사님 설교가 무슨 말인지 잘 이해하기 쉽지 않았다. 기승전결의 순서가 없는 것이나 마찬가지였다. 그래서 나는 매번 교회에서 졸음에 시달려야 했고, 집중력이 바닥을 쳤다.

집중력을 끌어내기 위해서는 순서가 있어야한다. 설령 순서가 있다하더라고 순서의 의미가 쉽게 전달되지 않으면 순서가 없는 것이나 매한가지다. 순서는 사람에게 의미 있는 자극을 줘야 비로소 순서로서 기능을 한다. 이때 비로소 집중력이 발휘된다.

우리의 뇌는 도미노와 같은 순서에 반응하도록 되어있다. 의지만으로는 절대 집중력이 생기지 않는다. 집중력에 좋은 놀이로 퍼즐과 블록 쌓기가 있다. 과연, 이 놀이가 왜 집중력을 좋게 해주는 걸까? 이 놀이는 초등학생을 포함해 누구나 쉽게 할 수 있는 놀이이며, 이는 순서대로 해야만 성공할 수 있는 게임이라는 점을 주목해야 한다. 그리고 이 순서는 초등학생이면 누구나 쉽게 그 의미를 알 수 있다. 아무리 산만한 사람이라도 목표를 이루기 위한 '순서의 매뉴얼'을 가지고 있다면, 집중력을 충분히 발휘할 수 있다.

우리 주변에서도 이런 사례가 자주 생긴다. 우리는 쉽게 라면을 끓여 먹을 수 있다. 라면 끓이는 순서라고 해봐야 물 넣고, 면 넣고, 스프만 넣으면 끝이다. 그런데 좋아하는 친구나 애인이 찾아와서 라면을 끓여 달라고 하면 평소 잘 끓여 먹던 라면 맛이 이상해지는 경험을 한 번쯤 해봤을 것이다.

이 또한 집중력에 그 원인이 있다. 평소의 순서대로 끓였으면 되는데 이 순서가 깨져버린 것이다. 맛있게 끓이겠다는 마음, 즉 잘해보겠다는 마음이 의식의 상태로 사람을 움직인다. 이로 인해 무의식으로 습관처럼 할 수 있는 사람의 행동에 영향을 준다.

늘 하던 대로 하는 행동은 이미 무의식으로 이어진 순서가 된다. 그런데 여기에 의식이 맛있게 끓이라는 지시를 내리면 무의식에 새겨진 순서에 의식 하나가 추가된다. 그러면 평소와는 다른 순서가 되고 만다. 그 순서에 익숙하지 않는 사람은 집중력을 발휘하기 힘들다. 그렇기 때문에 집중력을 높이기 위해서는 원래하던 대로의 순서를 기록 또는 기억하고, 그것을 반복하는 것이 중요하다.

프로의 핵심적인 하이멘탈 집중력은 어디서 오는가? 결국, 순서이다. 골퍼가 이 순서를 만들기 위해서는 의식적으로 훈련할 필요가 있다. 의식적으로 훈련한다는 것은 순서대로 따라해 보는 것이다. 순서가 없다면 나만의 매뉴얼, 순서를 만들어 보는 것이다. 이렇게 순서가 만들어지면 그때부터는 반복이다.

여기서 주의할 점은 끊임없이 반복할 필요가 없다는 것이다. 구구

단처럼 한 번만 외우면 된다. 이미 외웠는데 또 외우려고 하는 것이 의식의 단계이다.

순서대로 하는 것은 참 쉬운 일이다. 하지만 순서대로 하는 것이 참 어려운 것도 사실이다. 모름지기, 순서가 정확할수록 집중하게 되고 순서가 부정확할수록 집중력이 흐려진다. 골프와 인생에 최고의 집중을 하고자 한다면, 다음의 두 가지를 명심하자.

첫 번째, 정확한 순서를 알고 있다면 반복을 통해 자신만의 습관을 만든다.
두 번째, 정확한 순서가 없다면 정확한 순서부터 만들어야 한다.

우리의 뇌는 처음 접하는 지식과 경험을 좌뇌(프레임)에서 저장하려고 한다. 내가 현재 경험하는 지식이 믿을 만한 정보인지를 가려내기 위해서이다. 그렇기 때문에 처음 접하는 지식일수록 과학적 수치, 통계 등이 잘 정리되어 설득력이 있어야한다. 이렇게 해서 어느 정도 믿을 만한 정보라고 우뇌에서 인식하면, 반복을 통해 우뇌(감각)로 넘어가게 된다. 결국, 우뇌를 통해 얻어진 정보는 좌뇌로 넘어가야 실제로 사용이 가능해진다. 적어도 이 과정에 이르기까지는 '연습 총량의 법칙'을 지켜야 확실히 무의식적으로 자신의 것이 된다.

망설이지 말고
과감하게 결단하라

"공하고 홀 사이 가운데에 25~30미터 높이의 큰 나무가 핀을 가리고 있었습니다. 돌려 칠 수 없었습니다. 위로 쳐야 핀을 공략할 수 있었고 혹을 치거나 페이드를 치거나 돌려 치는 것은 안 좋았습니다. 물론 높기는 했지만 나무 위로 넘기는 게 제일 편하다고 생각했어요. 하이브리드로 쳤는데 정말 저도 놀랄 정도로 바람하고 거리하고 맞게 떨어졌습니다."

한국인 최초로 2009년 4대 메이저대회 PGA 챔피언십에서 우승한 양용은 선수의 말이다. 당시, 그의 경쟁 선수는 골프의 황제 타이거 우즈였다. 양용은은 뒷심을 발휘하여 타이거 우즈와 최종 라운드에 들어갔다. 아무도 양용은이 타이거 우즈를 이길 것이라고 예상하지 않았다. 타이거 우즈는 메이저 대회 14승을 했고, 특히 3라운드

선두로 나섰을 때 한 번도 역전패를 한 적이 없었다.

그날 경기는 예상 밖이었다. 동양의 무명 선수, 양용은이 우즈를 3타차로 따돌리고 역전 우승을 거두었다. 승부의 쐐기를 박은 결정적인 순간은 18홀이다. 홀 앞에 커다란 나무가 버티는 것과 함께 맞바람이 불어왔다. 거리는 206야드를 남기고 있었다. 프로로서 메이저대회 초보 선수에게는 최대의 난관이 닥쳐온 것이나 다름없다.

이때 그는 정면승부를 하기로 과감하게 결단했다. 3번 하이브리드 클럽을 선택해 나무 위로 공을 넘기기로 했다. 이것이 신의 한수가 되었다. 고도의 집중력을 발휘한 샷이 홀 2미터에 떨어졌다. 그는 버디 퍼트로 승리에 쐐기를 박았다.

이는 결단력의 중요성을 잘 보여주는 사례다. 만약, 양용은 선수가 돌려칠까? 위로 칠까?하면서 우물쭈물하다가 쉽게 결단을 못했다면 우승과 거리가 멀었다고 본다. 그는 과감히 위로 치기로 하고 3번 하이브리드를 선택했다. 이 과감한 선택이 샷에 집중력을 배가시켰기에 홀 가까이에 공을 댈 수 있었다고 본다.

골프 경기에서 집중력을 높이기 위해서는 이것이냐? 저것이냐?를 선택하는 상황에서 빠르게 한 가지를 선택할 수 있는 결단력이 중요하다. 갈팡질팡하면서 신속히 결정하지 못하면 제대로 한 가지에 집중력을 모으기 힘들어진다. 프로의 핵심적인 하이멘탈 집중력을 최고로 발휘하기 위해서는 과감한 결단이 필수적이다.

골프에서는 결단력이 필요한 상황이 자주 온다. 가령, 이런 상황이 있다. 140m 해저드 파3 홀에 맞바람이 불고 있다고 하자. 그러면 선수는 다음 두 가지로 고민에 빠진다.

a) "7번 아이언 칠까? 그러면 길 것 같다."
b) "8번 아이언 칠까? 그러면 짧을 듯하다."

이때, 아마추어는 애매하게 결정하여 채를 잡아서 실수를 한다. 실수를 피하고 원하는 샷을 하려면 길게 칠지, 짧게 칠지 똑 부러지게 결정해야한다. 그러기 위해서는 샷을 하기 전에 확고하게 한 가지를 결정해야한다. 캐디가 조언을 주더라도, 결정은 본인 스스로 해야 한다. 절대 미적거리지 말아야한다.

또 이런 상황이 있다. 일반적 파4홀이라서 티샷을 해야 하는데 약간 짧은 파4홀이며 게다가 해저드가 중간에 있다. 그래서 장타자가 샷하면 빠지는 경우가 있다. 그러면 아마추어뿐만 아니라 프로 선수도 고민에 빠진다.

'드라이버로 칠까? 우드로 칠까?'

드라이버로 치면 잘하면 넘길 것 같고, 우드로 치면 벙커나 헤저드에 빠질 것 같다. 그래서 골퍼는 애매하다. 이럴수록 골퍼는 드라이버로 치겠다 아니면 짧더라도 우드로 치겠다라고 명확히 결단을 해야 한다. 사전에 리허설 하면서 이미지트레이닝을 한데로 과감히 가는 게 좋다. 둘 중 하나를 신속히 결정하고, 그에 따라 골프채를 선택해야

한다. 이렇게 할 때 좋은 결과가 나온다. 그렇다고 반드시 최선의 선택을 하라는 것이 아니다. 차선이라도 과감히 결단을 해야 한다. 확실하지 않다면 둘 중 어떤 것이 더 나은 상황일지 결정해야 한다. 짧은 것이 유리할 지 긴 것이 유리할 지 말이다.

초보 골퍼들의 공은 대개 똑바로 가지 못하고 왼쪽이나 오른쪽으로 휘어서 간다. 왼쪽으로 휘는 걸 훅(후크 선장의 갈고리 모양에서 유래한 용어)이라고 하고, 오른쪽으로 휘는 걸 슬라이스(치즈 자르면 오른쪽으로 떨어지는 모양에서 유래한 용어)라고 한다. 이 가운데 초보는 슬라이스가 많이 나온다.

초보들은 대개 가운데를 보고 치면 자신의 의도와 상관없이 오른쪽으로 휘며 오비(OB) 날 확률이 높다. 초보들이 공을 가운데로 치려면 어떻게 하면 될까? 원천적으로 오조준해서 왼쪽 방향을 보고 쳐야한다. 그래야 부메랑처럼 휘어서 가운데 떨어진다. 그런데 초보는 무조건 가운데만 보고 똑바로 보내려고 한다. 결국, 18홀 끝날 때까지 공이 똑바로 가주지 않는다.

따라서 초보 골퍼에게 다음의 두 가지 중 하나를 선택해야하는 결단의 순간이 찾아온다.

a) 공이 휘는 것을 인정하고 오조준해서 동작을 바꾼다.
b) 공이 휘는 게 안 좋아 기존 자세 그대로 하면서 똑바로 보내려고 노력한다.

집중력 있게 경기를 하려면 과감하게 a)를 선택하는 게 낫다. b)를 선택하면 100타가 넘어간다. 절대, 갈팡질팡하거나 애매하게 해서는 곤란하다. 확고히 a)를 선택할 때, 집중력이 발휘되어 좋은 결과를 낳는다.

모름지기 프로가 되기 위해서는 휘는 것을 이용해 파하는 방법을 배워야한다. 비뚤어진 것을 이용해서 바른 방향으로 유도하는 것을 배워야한다. 이와 달리 비뚤어진 것 자체를 고치려고 하면 100타를 넘긴다. 비뚤어진 것을 바른 자세로 만드는 일은 연습장에서 하는 것이다. 실전에서는 비뚤어진 기존 것을 이용해 바르게 가도록 해야 한다. 골프는 본질적으로 적은 타수로 홀 아웃하면 이기는 게임이다. 얼마나 공을 똑바로 보내야 이기는 게임이 아니다.

수십억 달러를 한곳에 투자한 워렌 버핏, 전 세계를 뒤흔든 정책을 추진한 버락 오바마, 동료 눈치를 보지 않고 슛을 쏠 타이밍을 정확히 잡아내는 리오넬 메시 등 세계적으로 성공한 사람들은 결정적 순간에 결단을 잘 내렸다. 이처럼 과감히 결정하려면 어떻게 하면 될까? 『결단』의 저자 롭 무어에 따르면 다음의 과감한 결단 요령 3가지를 따르라고 한다.

1. 완벽한 때란 결코 없다.

완벽한 기회를 기다리다가는 기회를 잡을 수 없다. 기회는 언제까지 기다려주지 않는다. 따라서 기회라는 확신이 섰을 때 결단을 내리는 게 좋다. 7번 아이언으로 칠까? 8번 아이언으로 칠까?라고 고민하는가? 그러면 90% 승산을 기다리지 말고, 70% 승산으로 과감히 결단하자.

2. 75%에서 시작하라.

완벽한 준비에 매달리지 말라. 막상 시작하면 다양한 변수가 생긴다. 나쁜 결정이 반드시 나쁜 결과로 직결되지 않는다. 변수에 의해 좋은 결과가 생기기도 한다. 75% 준비가 됐다면 지금 당장 결단하고 샷을 하라.

3. 결정의 무게와 크기를 줄여라.

큰 결단의 상황일수록 그 무게와 크기에서 오는 압박감이 엄청나다. 이 샷 하나로 우승 아니면 실패가 결정될 때일수록 그렇다. 그렇다면 결단의 압박감을 어떻게 줄일 수 있을까? 평정심을 가지면 된다. 우승에 대한 집착을 버리고 2등을 해도 좋다는 생각으로 평정심을 가진다면, 결단의 압박감을 떨쳐내고 과감한 샷을 결단할 수 있다.

03
긍정적 사고가
만드는 집중력

당신은 긍정적 사고의 사람인가? 부정적 사고의 사람인가? 긍정적 사고는 프로가 집중력을 위해 갖추어야 할 자질이다. '사고(思考)'의 뜻은 생각하고 궁리한다는 것이다. 그렇다면 긍정적인 사고는 무엇을 말하는 것일까?

이것은 긍정적인 관점에서 생각하고 궁리한다는 뜻이다. "하늘이 무너져도 솟아날 구멍이 있다"는 말처럼 긍정적 사고는 아무리 어렵고 불리한 상황에서도 헤쳐 나갈 길을 찾아낸다. 긍정적 사고는 집중력을 유지하여 1라운드 18홀을 4시간 이상 플레이하며 여러 함정을 돌파해야 하는 프로골퍼들에게 꼭 필요한 자질이라고 할 수 있다.

대학교 4학년 스포츠심리학 수업에서 팀 과제를 받았던 기억이

떠오른다. 팀 과제는 스포츠심리학을 바탕으로 두 명의 프로 골퍼의 시합을 비교 분석하여 승자의 심리를 살펴보는 것이었다. 이 과제를 위해 후배들과 한 대회에 직접 갤러리로 참가해서 동영상을 촬영하고 편집하면서 두 선수의 심리를 비교 분석했다.

2005년 김포 SEASIDE 클럽에서 열린 '포카리스웨트오픈'이었고, 프로골퍼 J와 L를 비교해 보았다. 이 당시, 나는 경기 직후 J프로와의 인터뷰를 통해 그의 심리상태에 대해 직접 들을 수 있었다.

"경기 내내 전체적으로 잘하셨던 것 같은데 6번 홀에서 해저드에 빠지고 18번 홀에서 OB가 나셨을 때 심정은 어떠셨나요?"

"특별히 흔들리진 않았던 거 같아요. 어차피 전 홀에서 버디를 쳤었고 컨디션이 나쁘지 않아서요."

"J프로님은 위기 때 어떤 생각을 많이 하시나요?"

"상황에 따라 다르긴 하지만 웬만하면 안 좋은 생각은 빨리 잊고 좋은 생각을 하려고 노력하는 편입니다."

그는 위기 때마다 좋은 생각을 하려고 노력한다고 했다. 이것이 집중력을 이끌어내는 긍정적 사고이다. 아무리 실력이 뛰어난 선수도 실수나 위기 없이 18홀을 마치는 경우가 없다. 실제로 그날 시합에서 함께 경기를 했던 L프로보다 J프로의 성적이 우수했다.

L프로는 같은 위기 상황에서 부정적 요인을 외적으로 풀려고 하는 모습을 보였다. 예를 들면, 말수가 많아지고, 짜증을 내고, 욕을 했다. 루틴 역시 불규칙해졌다. 그래서 부정적 사고를 지니고 있었고 집중력이 떨어졌다. 역시나 경기 결과가 좋지 않았다.

반면, J프로는 상황 대처 능력이 뛰어났고 페이스 유지 능력도 상대 선수에 비해 뛰어났다. 그래서 긍정적인 사고를 가지고 있었다. 그와의 인터뷰를 통해, 그는 꾸준한 연습으로 심리적 안정감을 유지하면서 부정적 상황을 긍정적으로 잘 대처시킨다는 것을 알 수 있었다. 이러한 긍정적 사고가 집중력을 이끌어내어 경기에 좋은 영향을 미쳤다.

프로 선수에게는 몸 상태뿐 아니라 멘탈 컨디션이 매우 중요하다. 이때, 좋은 멘탈 컨디션을 유지하기 위해서는 긍정적 사고가 필수적이다. 긍정적인 사고가 없이는 좋은 멘탈 컨디션을 유지하기 힘들며, 그래서 경기 결과가 좋지 않다. 반면, 긍정적 사고로 멘탈 컨디션을 잘 유지하면, 하이멘탈 집중력이 놀랍게 발휘되어 좋은 경기 결과가 생긴다.

내 제자 중 KPGA 큐스쿨에 도전했던 E 프로의 사례를 보면, 긍정적 사고가 얼마나 중요한지 알 수 있다. 그는 긍정적 사고로 멘탈 컨디션을 잘 유지하여 경기에 집중함으로써 만족할 만한 경기 결과를 만들었다.

세미프로였던 E 프로는 매번 큐스쿨 예선전 마지막 날에 1타 차이로 시합에서 탈락하는 실수가 많았다. 그런데 그가 나의 멘탈 프로그램 참여 1주일 만에 평균 스코어 3타를 줄이는 실력을 갖추게 되었다. 실감이 나지 않겠지만 볼링으로 치면 에버러지 150을 치던 친구가 200으로 올라선 셈이다. 기술이 아닌 멘탈 트레이닝만으로 말이다.

E 프로가 받은 멘탈 레슨을 소개한다. 제일 먼저 이렇게 지시했다.

"평소 다녔던 시합 코스를 돌아보면서 상상만으로 조용한 곳에 앉아서 18홀 경기를 해보세요."

그러곤 경기 결과를 나중에 알려주라고 했다. E 프로는 내 지시를 잘 따랐고, 2시간 후 스코어(결과표)를 얘기했다.

"2오버파 74타입니다."

E 프로는 1번 홀부터 18번 홀까지 오로지 상상만으로 코스를 돌아봤다. 하지만 실제 경기를 한 것처럼 스코어를 말해주었다. 이때, 나는 그에게 물었다.

"왜 2오버파였죠? 어디서 보기를 했고 어디서 버디를 했습니까?"

평소 비거리가 많이 났던 E 프로가 말했다.

"매번 6번 홀에서 티샷이 애매했습니다. 그래서 6번 홀에서 오비가 났고 더블보기를 기록했어요."

이렇게 그와 대화를 하면서 피드백을 해주었다. 물론, 다른 홀에 대해서도 피드백을 해주었다. 그러고 나서 그에게 다시 지시를 했다.

"이제 내가 피드백을 해 준 대로 긍정적인 사고로 조용한 곳에 앉아서 혼자 시합 코스 18홀을 돌아보세요."

이번에는 1시간 30분이 지났다. 그 후, 그의 스코어가 1언더였다. 이렇게 나는 이미지만으로 6번홀 티샷이 오비나지 않는 법을 알려주었고, E 프로는 그대로 이미지를 그려 훈련을 했다.

일주일 후, E 프로는 경기에서 놀랍게도 첫날 1언더를 쳤다. 그는 믿기지 않을 만큼의 집중력을 발휘했다. 그 결과 E 프로는 예선전에 서 2라운드 합계 67타 5언더 공동 2위로 예선을 통과했다. E 프로는 무의식적으로 자신 없는 홀에서 부정적인 스코어를 만들어냈었다. 이를 긍정적인 사고로 극복해냈다. E 프로는 실제 경기에서 과감하 게 드라이버 티샷을 포기하고 고민 없이 우드 3번으로 티샷을 했다. 이는 긍정적인 사고의 훈련을 통해, 경기 집중력을 최고로 올렸기 때 문에 나온 결과였다.

물론, 모든 스코어가 이미지 트레이닝을 했던 것과 같은 결과로 나오지는 않았다. 하지만 긍정적 사고를 키우는 멘탈 트레이닝 이후, E 프로는 하이멘탈 집중력이 몰라보게 좋아져서 평균 3타를 줄이는 실력으로 일취월장했다.

당신은 다음 네 가지 중에서 어떤 마음가짐이 골프 경기력에 좋다 고 생각하는가?

첫 번째, 긍정적이고 긍정적이다.
준비자세(어드레스)전: "드라이버가 잘 맞을 거야."
준비자세(어드레스)후: "무조건 잘 맞을 거야."

두 번째, 긍정적이고 부정적이다.
준비자세(어드레스)전: "드라이버가 잘 맞을 거야."

준비자세(어드레스)후: "근데 오비나면 어쩌지?"

세 번째, 부정적이고 긍정적이다.

준비자세(어드레스)전: "드라이버가 잘 맞을까?"

준비자세(어드레스)후: "안 맞으면 어때? 일단 해보는 거야."

네 번째, 부정적이고 부정적이다.

준비자세(어드레스)전: "드라이버가 잘 맞을까?"

준비자세(어드레스)후: "아무래도 오비날 것 같은데?"

당신은 어떤 마음 상태를 선택하겠는가? 대부분의 고객에게 레슨 중에 이 질문을 하면 첫 번째를 많이 선택하고, 그 다음 세 번째를 선택한다. 정말, 가장 좋은 마음 상태는 무엇일까? 바로 세 번째 부정적이고 긍정적인 마음 상태이다.

긍정적이고 긍정적인 마음 상태는 지나치게 낙관적이다. 좋은 것이 좋은 것이라고 생각하는 것은 좋은 마음 상태 같지만 너무 낙관적인 것은 경기 중 집중력을 방해하고, 위험요소를 대처하지 못하게 한다. 부정적이고 부정적인 마음 상태는 너무 비관적이다. 무엇을 해도 자신감이 부족한 상태이기 때문에 좋은 결과를 얻기란 힘들다. 긍정적이고 부정적인 상태는 용기 있는 듯 하지만 결국 부정적인 생각으로 자기 확신이 부족하여 좋지 않은 결과를 가져온다.

이와 달리 부정적이면서 긍정적인 마음은 한편으로 신중하면서도 낙관적으로 경기를 한다. 이때, 위험요소가 닥쳐오더라도 잘 대처하면서 집중력 있게 스윙을 한다. 이것이 스윙의 가장 좋은 퍼포먼스를 만들어 내는 마음가짐 중 하나이며 이는 곧 건강한 사람의 마음가짐이다. 심리학자에 따르면, 건강한 사람은 긍정적 사고와 부정적 사고가 1.6대 1.0의 황금비율로 균형을 이루고 있다고 한다. 이 상황은 골프와 관련된 것이지만 당신이 어떤 일을 할 때도 세 번째의 마음 상태를 선택하고 훈련한다면 좋은 결과를 가져오게 된다.

집중력을 배가하기 위한 긍정적 사고는 백 프로 긍정적 사고만으로 이루어져 있지 않다. 긍정적 사고와 함께 부정적 사고가 적절히 균형을 이루고 있다. 이것이야말로 건강한 사람의 마음가짐이자, 실력 있는 프로골퍼의 마음가짐이며, 또한 진정한 의미의 긍정적 사고이다. 이러한 긍정적 사고가 놀라운 집중력을 만들어낸다. 긍정할 때 프로의 핵심적인 하이멘탈 집중력이 생긴다.

04
자기 관리로
습관을 길들여라

"저희 프로골퍼들은 습관적으로 세 시간 전에 일어납니다. 티오프가 6시 50분이면 3시 50분에 일어납니다."

2011년, 미 PGA투어 플레이어스 챔피언십에서 우승컵을 든 프로골퍼 최경주의 말이다. 당시, 그는 불혹의 나이를 훌쩍 넘겼지만 전성기와 다름없는 실력을 발휘했다. 그가 많은 나이에도 불구하고 집중력을 발휘하여 수준 높은 경기력을 보일 수 있는 이유가 뭘까?

가장 큰 이유는 바로 철저한 자기관리다. 그는 장거리를 이동해서 오전 경기를 치루더라도 새벽 일찍 일어난다. 앞서 언급했듯이, 반드시 경기 세 시간 전에 기상한다. 그리고 나서 숙소에서 스트레칭을 하여 몸을 푼 다음 골프장에서 퍼팅 그린을 찾는다. 짧은 퍼트로 퍼트 감각을 확인하고 긴 퍼트로 그린의 스피드를 파악한다. 그리고 연습장에서는 보유한 클럽들을 모두 골고루 친다. 이렇게 해서 첫 번째 홀에서 첫 티샷을 할 때 좋은 몸 컨디션을 만든다.

이와 함께 그는 꾸준히 많은 연습량을 소화하여 체력과 유연성을 유지한다. 여기에다 그는 일상생활에서도 골프에 방해되는 것은 철저히 자제한다. 수면과 음식, 휴식까지 정해진 틀로 관리하여 골프하기에 최적화된 몸 컨디션을 만든다.

이렇듯 최경주가 불혹의 나이에 플레이어스 챔피언십에서 우승을 할 수 있었던 것은 바로 철저한 자기 관리를 했기 때문임을 알 수 있다. 그는 자기 관리를 통해 규칙적인 습관을 만들었고, 이를 통해 집중력을 배가시킬 수 있었다.

세계 최고의 골퍼 타이거 우즈 또한 그렇다. 그는 철저한 자기 관리로 일정한 루틴을 유지함으로써 최고의 집중력을 발휘한다. 그는 대회가 없는 날 기초체력 강화, 샷 연습, 실전 라운드 등을 체계적으로 훈련하고 이와 함께 자신만의 식사를 한다. 그의 훈련 일정표를 보자.

시간	할 일
6:30	심폐기능 강화운동을 위한 조깅
7:30	하체 근력 운동
8:30	저지방 고단백 아침식사
9:00	드라이빙레인지 연습
11:00	퍼팅 연습

12:00	9홀 라운드
13:30	저지방 고단백 점심식사
14:00	숏게임 또는 9홀 라운드
18:30	상체 근력 운동
19:00	저녁식사 후 휴식

타이거 우즈는 '어떤 운동을 할 것인가?'와 '무엇을 먹을 것인가?' 의 학습 목표가 뚜렷했으며, 이를 정확한 시간 단위로 꾸준히 반복 했다. 이러한 체계적인 자기 관리는 주니어 시절부터 지속되어 온 것이다.

주지하듯이, 스포츠 심리 연구자들은 자기 관리가 집중력 향상에 도움이 된다고 밝히고 있다. 〈한국골프학회〉지에 실린 「골프선수의 자기관리 행동과 스포츠 몰입 및 상태불안 수준 간 인과관계 분석」 (이정규)에 따르면 이렇게 밝히고 있다.

"골프선수들은 선수 개개인의 자기관리 행동에 전념을 다하여, 골 프 경기에 임하는 몰입력을 향상시킬 수 있다."

자기관리 능력은 프로에게 중요한 자질이라고 할 수 있다. 특히나, 극도의 집중력을 요구하는 골프 경기에서는 더더욱 그렇다. 자기관 리란 습관을 길들이는 능력이다. 우리는 어떤 것을 배워서 꾸준히 실 천하여 습관을 만들어 내려고 한다. 이 습관을 잘 길들일 때 비로소 프로다움이 극대화된다.

나는 매일 아침에 비슷한 습관을 반복한다. 일어나서, 씻고, 옷 입고, 외모정돈(여성의 경우 화장을 한다)을 하고, 밥 먹고, 짐을 챙겨서 나간다. 나는 이것을 '프리 라이프 루틴(Pre-Life Routine)'이라고 한다.

자기관리는 엄청나게 대단한 게 아니다. 자기관리는 이렇게 소소한 일상 습관에서부터 시작된다. 내가 이 여섯 단계를 꾸준히 하는 이유가 무엇일까? 자기관리를 잘 할 때 집중력이 좋기 때문이다. 간혹, 이러한 습관의 흐름이 깨지는 경우가 있다. 그때는 골프 레슨이나 골프 강의, 그리고 비즈니스 미팅 시에 집중력이 잘 발휘되지 않았다. 이런 경험을 통해, 중요한 미팅이나 일이 있을 때는 최고의 집중력을 발휘하기 위해 평소의 습관을 철저히 지키고 있다.

이러한 일상 습관의 자기 관리는 골프에서 공을 치기 전까지의 루틴을 관리하는 것과 같다. 골프에서는 많은 선수들이 공을 한번 치기 전까지 '프리 샷 루틴(Pre-Shot Routine)'을 한다. 이것은 골프뿐 아니라 다양한 운동과 생활에서 적용할 수 있다. 이것을 일상에 적용한 것이 바로 프리 라이프 루틴(Pre-Life Routine)이다.

구체적으로 프리 샷 루틴(Pre-Shot Routine)을 살펴보자. 골퍼는 스윙 전 루틴에서 의식적으로 계획하고 이미지를 그려본다. 그리고 연습 스윙을 통해 그려본 이미지를 행동해 보고 자기 최면 단계(여기까지는 좌뇌가 이끈다)를 거쳐, 무의식의 단계로 들어가 준비 자세 후 스윙(여기까지는 우뇌가 이끈다)을 한다. 이러한 루틴이 없는 선수가 없다. 당신이 아침에 일어나면 자동으로 프리 라이프 루틴을 하듯이 말이다.

골퍼들이 '프리 샷 루틴'을 하는 이유가 뭘까? 좀더 샷에 집중할수 있기 때문이다. 하지만 프리 샷 루틴을 한다고 모든 샷을 완벽하게 하지는 못한다. 개개인의 역량과 연습량 그리고 컨디션 등이 영향을 미치기 때문이다.

문제는 새로운 습관, 루틴을 자기 것으로 만드는 자기 관리가 쉽지 않다는 점에 있다. 기존의 습관, 루틴을 잘 관리하는 것은 스스로 노력하면 된다. 하지만 새로운 관습, 루틴을 길들이는 자기 관리는 여간 쉬운 일이 아니다.

나는 다양한 골프 레슨 경험을 가지고 있다. 이를 토대로 할 때, 고객의 스윙을 즉석에서 새로운 스윙으로 바꾸는 것은 생각보다 쉽다는 것을 알 수 있었다. 문제는 고객이 바뀐 스윙을 유지하고 지속하기 곧 습관화에 시간이 필요하다는 점이다. 그래서 나는 단지 폼을 바꾸는 것이 아닌 폼을 유지, 지속하는 방법에 대해 연구했다. 새로운 폼을 습관화하는 자기 관리 방법은 이렇다. 다음의 세 가지 방법을 이용해, 새로운 폼을 유지, 지속하여 습관으로 길들일 수 있도록 자기 관리를 하라. 그러면, 스윙에 집중력을 발휘할 수 있다. 물론, 이는 삶의 다양한 상황에서 집중력을 발휘하는 데에도 유용하다. 아래의 내용은 내가 손쉽게 스윙을 교정하거나 새로운 것을 배울 때 사용하는 중요한 3가지 시스템이다.

첫째, 왜 폼을 바꿔야 하는지 명확한 이유를 알라(인지 단계).

우선 내가 원래 행동했던 A라는 습관을 왜 B로 바꿔야 하는가에 대한 이유가 명확해야 한다. 나에게 찾아오는 골퍼들의 그립 상태를 체크해 보면, 99%가 그립을 잡는 것으로 많이 알고 있다. 하지만 그립은 착용하는 것이다. 잡는 것과 착용하는 것은 출발점이 전혀 다르다. 당신은 신발을 잡고 걷는가? 아니면 착용하고 걷는가? 별것 아닌 것 같은 단어 차이지만 실제 동작은 전혀 다른 결과를 가져온다. 그립이 착용되는 것은 단순한 언어의 차이가 아닌 실제 운동 역학의 차이를 갖고 있다.

그립을 잡는 사람에게 즉석에서 착용법을 알려주고 착용하라고 하면, 골퍼는 그 자리에서는 누군가 시켰기 때문에 일부러 바꿀 수는 있다. 하지만 이는 일시적 변화가 될 가능성이 높다. 변화된 습관이 지속적으로 유지되려면, 그 이유를 분명히 설명해야한다. 예를 들어 손바닥 중지를 중심으로 아래 방향을 따라 손목쪽으로 내려가면 손목 위 손바닥쪽 2cm지점에 지름 1cm만한 유두골이라는 뼈가 있다. 그 뼈를 중심으로 손목관절을 사용할 수 있는데 그립이 유두골에 닿아 잡히게 되면 손목 사용이 불편해진다는 걸 알 수 있다. 반대로 그립을 유두골에서 새끼손가락 쪽 살이 두툼한 쪽으로 착용하게 되면 손목 사용이 유연해짐을 알 수 있다. 이러한 설명과 함께 실전에서 비교를 해보면 내가 더 이상 강요하지 않아도 스스로 비교를 했기때문에 바꾼 그립을 유지하기 쉬워진다.

이처럼 새로운 폼을 바꾸는 것에 그치지 않고, 바꾼 폼을 습관으로 길들이기 위해서는 그 이유를 명확하게 알고 있어야한다.

둘째, 교정 전(Before)와 교정 후(After)를 비교하라(비교단계).

많은 골퍼들이 자신의 폼을 바꾸는 것을 두려워하는 이유가 바로 이 부분에 있다. 자신의 폼에 대한 비교가 되지 않은 상태에서 무한 적으로 반복연습을 해 본 사람은 더 이상 가능성이 없다. 편한 폼과 바른 폼에 대한 정확한 비교가 중요하다.

나는 아주 빠르고 효과적으로 즉석에서 교정해 주는 코칭을 한다. 예를 들어 보자. 운전 중에는 좌회전과 우회전이 있다. 초보 운전자 가 좌회전과 우회전을 익히기 위해서는 좌회전과 우회전이 무엇인 지 인지한 후에 반드시 방향에 대해 비교를 해야 비로소 그때부터 변 화하는 것이 쉬워진다. 대부분의 아마추어들은 편한 것, 익숙한 것이 좋은 것이라고 생각한다. 하지만 바른 것은 편한 것과 다르다. 바른 것은 순간적으로 불편함과 어색함이 있지만 시간이 지날수록 바른 것이 편해지면 그때부터는 바른 것이 습관이 된다.

셋째, 바꾼 폼을 순서대로 반복연습 하라(반복단계).

폼을 바꾸고자 하는 의지가 생겼다면 이제부터는 구구단 외우듯 계속 순서대로 반복해서 연습하는 것이다. 연습은 무제한으로 계속 하지 않아도 된다. 한 번 외워진 구구단을 또 외울 필요가 없듯이, 새 로운 폼이 익숙해질 때까지만 연습하면 된다. 나는 개인적으로 코칭 을 할 때 10회 이하로만 반복을 시켜도 쉽게 익숙해지고 변화하는 것을 여러차례 경험했다.

05
명상으로 집중력을 유지하라

"경기에서 진정으로 승부를 할 때 나 자신을 바라봅니다. 초조함과 꼭 이겨야만 한다는 욕심, 그러한 것으로부터의 모든 욕망을 버리고 홀가분한 마음으로요. 욕심을 부추기는 저 자신과 싸우며 공 하나하나를 쳐왔습니다."

골프의 황제, 타이거 우즈의 말이다. 이 말에서 주목해야할 곳은 첫줄의 "나 자신을 바라봅니다"이다. 이는 마음을 다스린다는 말이다. 이를 통해 욕심, 욕망의 집착을 버린 홀가분한 마음으로 경기를 해왔음을 알 수 있다. 과연, 그가 말하는 자신을 바라본다는 것은 무엇을 말하는 걸까?

많은 분들이 눈치 챘겠지만 그것은 명상이다. 타이거 우즈는 "명상은 타고날 때부터 나에게 영향을 미쳤다"고 말했다. 그는 어머니가 불교 신자였기 때문에 어릴 때부터 명상에 친숙했다. 실제로 그는 어렸을 때 명상을 많이 했다. 이는 상당수의 사람들이 교회에 가서 기도를 하는 것과 비슷한 일이다. 이렇게 해서 그는 항상 경기에 들어가기 전에 시간을 내어 몸과 마음을 다스리고 집중력을 끌어올렸다.

이러한 명상은 그가 최고 전성기를 누릴 때 늘 그의 곁에 있었다. 그리고 그가 슬럼프를 극복해 재기하는 과정에서도 그의 곁을 지켜주었다. 이렇듯 세계 최고의 골퍼를 만드는데 명상이 큰 도움이 되었음을 부정할 수 없다. 이는 인도 최고의 골퍼 아니르반 라히리도 마찬가지다. 그는 위파사나 명상을 하고 있는데, PGA 투어 도중에 집중력을 훈련하고자 10일간 묵언의 위파사나를 하기도 했다. 그는 말했다.

"명상은 내 마음과 아주 가까운 무엇인가이며, 나는 명상을 통해 더 나은 사람이 될수 있다고 믿는다."

이렇듯 그는 명상을 통해, 골프 경기에 탁월한 집중력을 발휘하고 있다.

골프는 특히 멘탈이 중요한 경기다. 외형적인 신체 건강과, 탁월한 기술, 그리고 많은 양의 연습 못지않게 중요한 것이 바로 심리다. 쉽게 흔들리지 않는 심리가 중요하다. 특히나 프로의 핵심적인 하이멘탈 집중력을 발휘하기 위해서 더더욱 멘탈 관리가 필요하다. 이를 위해, 타이거 우즈와 아니르반 라히리는 명상을 통해 평정심을 유지했다. 그 결과, 집중력을 최고로 끌어올렸다.

집중력을 배가시켜주는 명상에 대해 알아보자. 세상에는 수많은 명상법이 있다. 그리고 다양한 스포츠 가운데 골프에서도 통용되는 명상법이 여러 가지 있다. 여기에서는 손쉽게 따라할 수 있는 권위 있는 명상법, 일명 '주의력 트레이닝'인 마인드풀니스(Mindfulness)를 소개한다. 이것은 구글, 애플, 하버드, 페이스북의 세계 최고 인재들이 훈련하고 있는 명상법으로 업무 집중력을 끌어올림으로써 업무성과를 크게 높이고 있다.

마인드풀니스는 실제로 뇌 기능에 변화를 가져다준다는 것이 입증되었다. 마인드풀스를 하는 사람들은 전대상피질이 활성화됨에 따라 주의력을 제어하게 만든다고 한다. 이렇게 해서, 마인드풀니스를 하는 사람들은 업무에 100% 집중을 하게 된다고 한다. 『세계 최고 인재들의 집중력 훈련법』에 따르면, 집중력을 키워주는 마인드풀니스의 4가지 프로세스는 다음과 같다.

프로세스 ① 호흡에 주의를 집중하기

의자에 편한 복장으로 앉아서 호흡에 집중한다. 몸의 긴장을 푼다. 그리고 입을 살며시 다물고, 오로지 코로 숨을 쉬면서 숨이 들어오고 나가는 것을 집중한다. 이때 눈을 감아도 좋고, 살짝 반만 떠도 좋다. 잠에 빠지는 것을 방지하기 위해서는 눈을 반만 뜨는 게 좋다. 그리고 좀더 집중을 하기 위해서 숨을 내쉴 때는 '숨을 내쉬고 있다', 숨을 마실 때는 '숨을 마시고 있다'라고 속으로 말하는 것이 좋다.

호흡을 하면서 몸을 관찰하는 것이 좋다. 몸이 이완되는 느낌, 따뜻해지는 느낌, 편안해지는 느낌을 받아들인다.

프로세스 ② 주의가 빗나간다.

사람들이 공부와 업무, 스포츠에 쉽게 몰입을 하기 힘든 것처럼 호흡에 집중하기도 쉽지 않다. 잡념이 끼어든다. 내면에 이렇게 많은 생각이 있나할 정도로 끊임없이 잡념이 꼬리를 물고 일어난다. 호흡에 집중을 하면 할수록 더더욱 주의가 빗나가는 일이 생긴다. 이것은 너무나 자연스러운 현상이다.

프로세스 ③ 주의가 빗나감을 깨닫는다.

잡념이 생기면 그대로 받아들인다. 온갖 잡념이 떠다니는 것을 알아차린다. 실로 별별 잡념이 다 떠다닌다. 이에 동요될 필요가 없다. 다만 주의가 분산되었다는 것을 자각하기만 하면 된다.

프로세스 ④ 빗나간 주의를 호흡으로 되돌린다.

자칫, 잡념에 휘둘리면 전혀 호흡에 주의를 집중하지 못하는 일이 생긴다. 그래서 호흡에 더욱 집중하여 주의력을 끌어올린다. 이때 두 가지 마음의 자세를 가져야한다.

- 잡념이 생긴 것을 나쁘게 보지 않으며, 잡념에 대해 판단하지 않는다.
- 잡념을 그대로 내버려두고 관찰한다.

잡념을 평가하거나 감정을 개입시키지 않고, 마치 영화를 보듯이 그냥 관찰하고 흘려보낸다. 이렇게 하면 차츰 원래대로 호흡에 주의가 집중된다.

마인드풀니스를 어떻게 하면 쉽게 따라할 수 있을까? 6단계가 있다. 이를 순서대로 따라하면 마인드풀니스 곧 집중력 훈련을 최고로 끌어올릴 수 있다.

1단계: 명상의 목적 확인하기

명확한 목적을 세워보자. 두려움을 극복하고 싶다거나, 잡념을 떨쳐내고 싶다거나, 평정심을 가지고 싶다는 뚜렷한 목표 의식을 갖는다.

2단계: 의자에 편안하게 앉기

아무 때나 아무 곳에서나 마인드풀니스를 하려면 의자에서 하는 것이 좋다. 이때 등을 의자에 기대거나, 등이 굽히지 않도록 하자. 경기를 앞둔 대기실에서, 혹은 차를 타고 이동하는 중에 편하게 하자. 이때 전신에 힘을 빼고, 척추를 바로 세우는 것이 좋다.

3단계: 눈을 감거나 반쯤 뜨기

눈을 감는 것은 필수 요건이 아니다. 사람에 따라 눈을 감는 게 좋으면 눈을 감고, 반쯤 뜨는 게 좋으면 반쯤 뜨도록 하자. 이와 함께 턱이 앞으로 나오지 않게 뒤로 잡아당겨서 시선이 전방 1미터에 향하게 만들면 된다.

4단계: 명상하기(4가지 프로세스를 반복한다)

앞서 언급한 마인드풀니스 4가지 프로세스를 반복한다. 처음에는 쉽지 않다. 꾸준히 하다보면 어느 정도 잡념에 휘둘리지 않고 호흡에 집중할 수 있다.

5단계: 3회 심호흡하고 마치기

명상 상태에서 깨어나야 한다. 이를 위해, 3번 크게 숨을 마시고 내뱉는다. 이렇게 하면 원래대로의 정신상태로 돌아온다.

6단계: 되돌아보기

마인드풀니스가 잘 되었는지, 그렇지 않은지 반성한다. 잘 되지 않았다면 기억해 두고 다음에는 잘 할 수 있도록 준비한다.

고도의 집중력이 요구되는 골프 경기. 어떤 프로 골퍼는 집중력을 잘 발휘하여 원하는 경기 결과는 내지만, 어떤 프로 골퍼는 집중력이 떨어져 경기 결과가 좋지 않다. 집중력이 경기 승패를 결정하는 중요한 요소임에 틀림없다. 그렇다면 집중력을 높이기 위해, 어떻게 해야 할까? 그렇다. 타이거 우즈와 아니르반 라히리처럼 명상을 해야 한다.

골프사에 남을 명저 12권

- 출처, 세계 최대 골프전문 매체 〈골프다이제스트〉

• • •

①『브리티시 군도의 골프코스들』(버다드 다윈, 1910)

진화론자 찰스 다윈의 손자 버나드 다윈은 골프 실력이 우수했으며, 이를 기반으로 골프 작가로 활동했다. 이 책은 영국의 골프장을 인문학적으로 서술했다.

②『벤 호건의 파이브 레슨: 모던 골프의 기본』(벤 호건& 허버트 워런 윈드, 1957)

교통사고를 극복해 메이저 대회 우승을 한 벤 호건. 그가 쓴 이 골프 이론서는 역사상 가장 많이 팔렸다. 스윙할 때 유리판 이미지를 골퍼에게 각인시킨 책이다.

③『골프는 나의 게임』(로버트 타이어 존스 주니어, 1959)

아마추어 골퍼계의 아버지로 불리는 보비 존스는 영국과 미국의 오픈 및 아마추어 4대 선수권을 석권했다. 이 책은 그가 남긴 자서전이다.

④『나와 당신의 게임』(아놀드 파머, 1963)

'골프 킹'으로 불린, 현대 골프의 선구자 아놀드 파머가 골프 샷 요령을 담은 책이다.

⑤ 『냉혹한 운명의 피해자』(단 젠킨스, 1970)

미국 〈골프다이제스트〉의 대표 골프 작가 단 젠킨스. 이 책은 그가 〈스포츠 일러스트레이티드〉에 실은 1960년대 골퍼들에 대한 이야기를 다룬 에세이다. 그는 2016년 골프 명예의 전당에 올랐다.

⑥ 『골프 마이웨이』(잭 니클라우스 & 켄 보덴, 1974)

'황금 곰' 잭 니클라우스가 경기 준비와 연습 그리고 멘탈에 대해 서술한 책이다. 최경주가 이 책을 보고 스윙을 가다듬었다.

⑦ 『골프 재앙에 대한 책』(피터 도브라이너, 1983)

"골프의 요체는 살아있다는 게 얼마나 좋은가 하는 느낌이 들게 하는 것이다"라는 명언을 남긴 영국의 에세이스트 피터 도브라이너. 그는 이 책에서 골프 비화 200개를 소개하고 있다.

⑧ 『헨리 롱허스트 명저집』(헨리 롱허스트, 1988)

"골프를 하면 할수록 인생을 생각하게 되고 인생을 보면 볼수록 골프를 생각하게 된다"라는 명언을 남긴 영국의 작가이자 연설가인 헨리 롱허스트. 그는 이 책에서 130개의 골프 에세이를 소개하고 있다.

⑨『하비 페닉의 리틀레드북』(하비 페닉, 1992)

톰 카이트와 벤 크렌쇼의 스승이던 전설의 교습가 하비 페닉의 골프 교습서다. 이 책은 전 인생에 걸쳐 배운 것과 지도한 골프 선수들에 대한 생각을 정리한 책이다. 하비 페닉이 항상 소지했던 빨간 노트 때문에 책 이름이 리틀레드북으로 지어졌다.

⑩『망쳐버린 좋은 산책』(존 페인스타인, 1995)

존 페인스타인은 유명한 골프 작가다. 이 책은 프로 골퍼들의 좌절에 대한 이야기이다.

⑪『골프는 완벽함의 게임이 아니다』(밥 로텔라& 밥 쿨런, 1995)

유명한 골프 심리학자 밥 로텔라가 프로 골프선수들이 가져야 할 멘탈에 대해 서술했다. 현재, 『밥 로텔라의 쇼트 게임 심리학: 투어 챔피언의 쇼트 게임 비법』등 밥 로텔라의 여러 책이 국내에 번역이 되어있다.

⑫ 『나는 어떻게 골프 하는가』(타이거 우즈. 2001)

'골프의 황제' 타이거 우즈의 책이다. 이 책은 파워 스윙과 선수 생활을 유지하는 노하우 등에 대해 소개하고 있다

PART 3

자신감이
경기 승패를
좌우한다

01
용기 있게 도전하고,
성공 경험을 쌓아라

　당신은 자신이 하는 일에 대해 얼마만큼 자신감이 있는가? 대부분의 아마추어는 이런 질문에 망설이게 마련이다. 자신감은 프로가 갖추어야할 굉장히 중요한 하이멘탈 중 하나이다. 그런데 '자신감'은 '용기'와 다른 의미로 해석된다. 나만의 뇌피셜(개인적 생각)로 볼 때, 자신감은 엄밀히 보면 용기와 다른 의미를 가지고 있다. 두 용어의 의미 차이 기준은 바로 경험(Experience)이다.

　국어사전에 용기는 '사물을 겁내지 않는 기개'라고 설명한다. 반면, 자신감은 '자신이 있는 느낌'이라고 설명되어 있다. 얼핏 비슷해 보이지만 그 용어의 차이를 만드는 것은 경험을 했는가? 안했는가? 이다. 전자는 경험이 뒷받침된 반면, 후자는 경험이 부재하다.

자신감은 경험의 토대에서 생기는 것이며, 용기는 경험이 없는 상태에서 생기는 것이다. 성공한 경험이 많을수록 자신감은 올라가고 그 경험이 적을수록 자신감은 떨어진다. 이와 달리 용기에는 애초에 아무런 경험이 없다. 실패를 했거나 혹은 성공을 한 경험이 전혀 없다. 그래서 용기는 백지 상태에서 경험을 시도하는 것이기 때문에 무모한 측면이 있다. '무식한 게 용감하다'라는 말이 그냥 나온 말이 아니다. 용기는 경험의 첫 걸음을 내딛는 중요한 요소다. 하지만 자칫 경험이 없기에 자만심으로 이어질 수 있으니 주의할 필요가 있다.

경험하기 위해 시도해 보려는 행동이 용기이며, 이것이 바로 자신감을 만들어낸다. 여기서 정리해보자. 어느 분야에서나 처음에 선수는 백지 상태에서 용기를 갖고 시도한다. 이렇게 해서 실패와 성공의 경험이 축적된다. 이때 성공 경험이 많아지면 저절로 자신감이 생긴다. 이와 달리 실패 경험이 많아지면 자신감이 떨어지며 심한 경우 트라우마 또는 우울증까지 생긴다.

많은 프로골퍼들이 아마추어에 비해 자신감이 높은 이유가 뭘까? 프로가 아마추어보다 용기 내어 더 많은 것을 경험했기 때문이다. 이때 성공 경험이 축적되어 자신감이 솟아난 것이다. 재능만이 자신감을 만든다고 볼 수 없다. 모든 분야의 프로들이 자신감이 좋은 이유는 용기를 내어 많은 경험을 얻어냈기 때문이다.

나는 이렇게 강조하고 있다.

"먼저, 용기를 갖고 시도하십시오. 이를 통해 성공 사례를 많이 만들 때 비로소 자신감이 생깁니다. 아무것도 하지 않으면 아무 일도 일어나지 않습니다. 실패는 회피해야할 것이 아니라 극복해야할 것입니다. 사람은 저항을 통해서만 성장할 수 있습니다. 프로 골퍼로서 실력을 발휘하려면, 용기에서 시작하여 자신감을 가져야합니다.”

1997년, 내가 골프를 처음 접했던 때이다. 그때 내 나이가 스무 살. 당시 나는 운동에 소질이 있었다. 초등학교 때는 학교 육상대표를 했었고, 중학교 때는 동네 선배들에게 맞는 게 무서워 복싱을 했다. 상당히 운동 신경이 있던 나는 대학생 시절에 우연히 골프장 아르바이트를 하던 중 골프장에서 새로운 경험을 했다. 늘 땀을 흘리고 땀 냄새를 맡으며 운동을 하던 나에게 멋진 복장을 하고 골프장을 여유롭게 걸어가던 플레이어의 모습은 문화적인 충격이 아닐 수 없었다. 마침 내가 종일 서있던 코스가 그늘집 앞이었는데 그늘집 웨이츄리스가 생과일 주스를 가져와서는 마시며 일하라고 했다. 이후, 나는 아무런 경험 없이 당장 골프장을 찾아가 용기만으로 골프를 시작했다. 하지만 그 용기가 자신감으로 이어지지는 않았다.

왜냐하면 골프는 원천적으로 이제껏 내가 해왔던 운동과 달랐기 때문이다. 그냥 전력을 다해 달리거나, 민첩하게 때려눕히는 운동과는 전혀 달랐다. 더욱이 골프는 장비(골프채)를 이용해야 하는 운동이었기에 익숙해지기 쉽지 않았다. 결국, 골프의 성공 경험이 많지 않은 탓에 자신감이 계속 떨어졌다.

시간이 흘러, 군대를 다녀오니 스물다섯 살이 되었다. 이때, 심각하게 진로에 대해 고민을 했다.

'과연, 내가 언제쯤 다른 프로들을 제치고 시합에서 우승해볼 수 있을까?'

생각하면 할수록 답이 없었다. 아마도 이때가 내 인생에서 가장 골프에 대한 자신감이 없을 때였을 것이다. 당시만 해도 골프를 시작하는 모든 이들의 목표는 단 하나였다. 바로 프로골퍼가 되어 우승 트로피를 들어 올리는 것이었다. 하지만 누구나 박세리, 최경주 프로처럼 될 수가 없었다.

아무리 고민을 했지만 뾰족하게 해답이 나오지 않았다. 도저히 나는 프로골퍼가 되어 우승할 자신감이 없었다. 성공 경험이 매우 적었기 때문이었다. 나는 내 스스로에게 질문을 바꿔 물어보았다.

'프로골퍼 아니면, 내가 자신감을 가질 수 있는 진로가 무엇일까?'

질문을 바꾸자 이에 대한 답이 쉽게 나왔다.

'선수로서 우승할 자신이 없다면 가르치는 걸로 정상에 서보자.'

대한민국에도 세계적인 골프코치가 있어야 된다고 생각했다. 사실 타이거 우즈, 아담 스콧, 박세리 같은 세계적인 프로골퍼 뒤에는 세계적인 골프코치가 있다. 이들은 부치 하먼, 데이비드 레드베터, 마이크 밴더, 숀 폴리 등 세계 10대 골프코치들에게 교습을 받았다. 세계 10대 골프코치들은 프로골퍼 출신이 아니다. 이들은 현재도 세계 정상급 플레이어 선수들을 지도하고 있다. 우리나라의 경우, 서희경 프로골퍼를 가르친 고덕호 전문 골프코치 역시 프로골퍼 출신이 아니지만 유명하다.

특히나 나에게는 잘 가르쳐본 경험이 있었다. 연습생 시절부터 어깨 너머로 배운 골프레슨을 바탕으로 내가 가르쳐 드렸던 고객들로부터 긍정적인 피드백이 참 많았다. 고객들이 하나같이 잘 가르친다며 칭찬과 격려를 아끼지 않았다. 이런 경험 덕분에 나는 진로를 수정했고, 프로와 아마추어를 가르치는 골프전문코치가 되었다. 나는 골프 코칭에서만큼은 누구보다 자신감이 충만했다.

이렇듯 자신감은 누구나 가지고 싶다고 해서 얻어지는 게 아니다. 성공 경험이 쌓여야 가능하다. 만약 성공 경험이 없다면, 자신감이 절대 생기지 않는다. 나는 용기를 갖고 시작한 골퍼로서는 성공 경험이 적었기에 극도로 자신감이 하락했었다. 이에 반해, 고객에게 레슨을 했을 때는 성공 경험이 많았다. 그래서 골프전문코치로서는 자신감이 높았던 것이다.

1998년 IMF로 국민 모두가 힘들어 하던 때에 국민 영웅이 탄생했다. 골프를 하든지, 못하든지 누구나 알 만한 사람이다. 바로 박세리 프로다. 그녀는 국내 프로골퍼로 데뷔한 1996년 국내여자투어 신인왕, 상금왕을 동시에 석권했다. 연이어 1997년에 미국여자프로골프(LPGA) 프로 테스트에 1위로 통과하였다. 이후, 데뷔한지 7개월 만인 1998년 7월 메이저 대회인 'US여자오픈'에서 당당히 우승하며 세계적인 골프 스타로 떠올랐다.

당시, US여자오픈 마지막 4라운드 장면은 절대 잊지 못할 명장면이다. 이 대회는 17번 홀이 극적이었다. 박세리 선수의 드라이브 티샷이 왼쪽 해저드에 빠지는 장면을 보던 모든 대한민국 국민들은 절망했다. 하지만 박세리 선수는 포기하지 않고 맨발로 해저드에 들어가 멋진 샷으로 위기를 모면했다. 그 한 샷으로 상대 선수인 아마추어 추아시리폰(태국계 미국인)을 따돌리고 당당히 우승했다. 더욱이 18홀 연장 경기 끝에 얻어낸 우승이기에 그 의미가 더 컸다.

박세리 선수가 이렇게 대단한 결과를 만든 비결이 무엇일까? 바로 자신감이다. 박세리 선수가 자신감을 가졌던 과정을 보면 자신감이 하루아침에 생기지 않았다는 사실을 알 수 있다. 그녀는 이미 국내 여러 대회에서 우승한 경험이 있었고, 그 우승의 경험이 한국인 최초로 미국여자 프로골퍼가 되기 위한 자신감을 주었다. 그리고 여러 시합을 했던 경험들이 자신감을 더 단단하게 만들었다. 이 자신감이 그녀로 하여금 위기를 극복하게 했고, 마침내 우승 트로피를 들어 올리게 만들었다.

프로 선수에게 프로의 핵심적인 하이멘탈 자신감이 중요하다. 이 자신감은 한순간에 뚝딱 만들어지지 않는다. 용기를 갖고 수없이 시도를 할 때, 그 과정에서 성공 경험이 축적되어야 비로소 자신감이 생긴다. 자신감을 가지려면 막연히 자신감을 찾지 말라. 자신감을 가지려면, 용기를 갖고 많은 경험을 하여 성공 사례를 쌓아올려야 한다.

전혀 경험이 없는 상태에서 자신감이 있다고 말하는 것은 있을 수 없다. 경험 없이 자신감이 있다는 말은 허풍에 지나지 않는다. 경험 없는 상태에서 할 수 있는 말은 용기뿐이다. 이 용기를 갖고 무수히 깨지고, 부딪히고, 그리고 일어서는 경험을 해야 한다. 이 경험이 갖추어 질 때 "자신감이 있다"라고 말할 수 있다.

자신감을 얻고 싶은가? 그렇다면, 다음의 두 가지를 가슴에 새기자.

첫 번째, 용기 있게 도전하라.

두 번째, 성공 경험을 쌓아라.

02
목표를 세워
추진력을 발휘하라

　추진력의 의미를 짚고 넘어가자. 추진력은 "목표를 향하여 밀고 나아가는 힘"이다. 여기서 주목해야할 것은 '밀고나가는 힘'이 아니라 '목표'이다. 목표가 있어야 밀고나가는 힘이 생기기 때문이다. 즉, 당신이 뚜렷한 목표가 없다면 당연히 추진력이 없는 법이다. 당신이 평소 추진력이 부족하다라고 생각이 든다면 그 이유는 목표가 뚜렷하지 않기 때문이다. 어디에선가 자주 들었을 법한 이 단어의 의미를 곱씹는 이유는 보다 더 그 의미를 구체적으로 체감하기 위해서이다.

　골프는 선수 스스로가 심판이고 친구이자 경쟁자인 게임이다. 골프 경기에는 팀이 필요 없다. 스스로가 18홀을 마치는 동안 목표를 향해 밀고 나가는 추진력이 필요한 운동이다. 플레이를 하는 내내 도움 받을 수 있는 것은 믿을 만한 캐디의 조언일 뿐, 모든 결정은 선수

본인이 해야 한다. 1라운드 18홀씩 총 4일에 거쳐 4라운드 72홀을 플레이하는 동안 지치지 않는 추진력이 없다면 진정한 프로가 아니라고 봐야한다. 훌륭한 프로들은 목표가 뚜렷하여 추진력이 강한 편이다.

이 추진력이 선수들에게 자신감을 가져다준다. 앞서 성공 경험을 통해 자신감이 생긴다고 언급했다. 이처럼, 목표를 향해 밀고 나가는 긍정적 경험을 통해 불끈불끈 자신감이 솟는 것은 당연하지 않을까?

골프를 오랫동안 해온 사람이라면 한번쯤 크고 작은 내기를 경험한다. 이 내기가 도박과는 달라서 적절하게 이용하기만 하면 추진력을 강화하는데 엄청난 도움이 된다. 한 가지 골프 내기 방식을 살펴보자. 각 플레이어가 일정한 금액을 사전에 내놓고 매 홀마다 가장 적은 타수를 친 사람이 홀 상금(스킨)을 가져가는 방식이 있다. 만약, 최저타가 동타가 될 경우, 상금은 다음 홀로 이월된다.

이 방식을 스킨스 게임이라고 하는데 서로의 핸디캡(플레이어의 평균 실력)이 명확하지 않을 때 플레이하기 좋은 방법이다. 그리고 핸디캡에 따라서 사전에 내는 금액에 차등을 주게 된다.

아무리 골프 고수여도 매 홀마다 계속 잘 칠 수가 없다. 때문에 스킨스 게임 방식에서는 종종 이월된 상금이 모인 한 홀에서, 초보자에게 운이 돌아가는 일이 있다. 그래서 초보자가 이월된 상금을 가져가는 경우가 종종 있다.

골프 내기는 오로지 돈을 잃고 따는 것에만 관련되지 않는다. 골프 내기는 승부욕과 연결되어서 자존심을 지키느냐? 자존심을 잃느냐?와도 관련이 있다. 이기면 자존심을 지키는 것으로 기분이 좋지만, 지면 완전 자존심을 잃는 것이기에 마음이 편치 않다. 고로, 이기면 돈을 따는 것은 물론 기분 좋게 자존심을 지키고, 지면 돈도 잃고 불쾌하게 자존심도 잃게 된다.

그래서 골프 내기는 추진력을 불붙게 하기에 자신감이 업 된다. 돈을 따는 것과 함께 자존심을 지키려는 뚜렷한 목표가 있기 때문이다. 그래서 골프 내기는 자신감을 끌어올리는 추진력에 좋다고 본다.

미국에는 4대 메이저 골프 대회가 있다. PGA대회는 마스터스, 디 오픈 챔피언십, US오픈, PGA챔피언십이 있다. 한 해 적게는 20개, 많게는 30개 정도의 골프 시합이 매년 열린다. 이 대회들의 평균 우승 상금은 원화 20억 원을 훌쩍 넘는다. 성공적인 대회는 많은 스폰서들의 지원으로 큰 광고 효과를 내고, 그 경기를 재미있게 만들어주는 선수들은 큰 상금을 놓고 실력을 겨룬다.

프로골퍼들은 직업상 기본적으로 상금을 목표로 플레이를 한다. 이때 선수가 경기에서 우승을 하면 당연히 상금을 타는 것과 함께 프로로서의 위신을 지킨다. 이와 반면, 선수가 경기에서 지면 상금을 받지 못하는 것은 물론 프로의 위신에 스크래치가 생긴다. 그래서 선수는 이를 악물고 추진력을 발휘해 자신감으로 경기를 한다.

메이저 골프 대회 역시 골프 내기와 비슷하다. 자신감을 살리는 추진력이 매우 중요하다. 자신감 있게 경기를 하려면, 추진력이 필요하다. 이때 추진력을 샘솟게 하려면 목표가 뚜렷해야한다. 당연하게 돈을 버는 것과 함께 위신을 지키는 것이 그 목표가 될 것이다.

"목표를 세우지 않고도 성공한 인생을 사는 사람들도 많이 있다. 그러나 어떤 분야에서건 우리가 가진 잠재력을 최대한 발휘함으로써 만족을 얻고 싶다면, 목표설정은 필수 조건이다."

골프의 킹메이커이자 우승청부사 참모 캐디 스티브 윌리엄스의 말이다. 그는 130회가 넘는 토너먼트 우승이라는 대기록을 달성한 전설적인 캐디이다. 그는 그렉 노먼, 레이먼드 플로이드, 밥 찰스, 버나드 랭거, 그리고 타이거 우즈 등 세계 정상급 선수와 함께 해오고 있다.

그는 성공한 스포츠 선수의 사례를 통해, 목표 설정이 성공에 매우 중요하다고 밝히고 있다. 그에 따르면 마이클 조던, 데이비드 베컴, 타이거 우즈, 잭 니클라우스, 아니카 소렌스탐, 어니 엘스에 이르기까지 상위 10%에 드는 운동선수는 목표를 잘 세웠다고 한다. 이러한 유명한 선수들은 목표 없이 아무것도 할 수 없었다고 한다.

제대로 된 목표를 잘 세우는 것은 몹시 중요하다. 서울에서 부산(목표)을 자동차로 가야한다면 서울에서 출발해서 수원-천안-대전-대구-경주-울산을 거쳐야 부산에 갈 수 있다. 이처럼 목표는 시간적으로 볼 때 장기 목표, 중기 목표, 단기 목표가 있다. 장기 목표는 중·단기 목표 없이 달성될 수 없다. 따라서 장기 목표를 세우기 전에 중·단기 목표가 세워져야한다.

돈을 벌고 싶은가? 프로선수로 데뷔하고 싶은가? 메이저 대회에서 우승하고 싶은가? 프로로서 위신을 지키고 싶은가? 그렇다면 그것을 구체적인 목표로 분명하게 세워야한다. 그래야 추진력을 내어 자신감 있게 경기력을 향상시킬 수 있다. 따라서 목표를 잘 세우는 방법을 숙지해야한다. 스티브 윌리엄스는 목표를 잘 세우기 위한 7가지 기본 원칙이 있다고 하는데 바로 이것이다. 이를 통해 선명한 목표를 세워 추진력을 발휘하라. 그때, 자신감이 샘솟는다.

원칙 1: 목표는 반드시 종이에 적어야한다.

생각만으로는 실행하기 어렵다. 종이에 적어서 잘 보이는 곳에 붙여두고 틈날 때마다 보고 무의식에 각인시켜라.

원칙 2: 목표는 반드시 긍정적인 방향으로 적어야한다.

부정적 표현을 쓰지 말자. '~ 안된다', '~ 하지 않기' 대신에 '~하기', '~한다'로 한다. 예를 들어보자. '스윙 동작을 할 때 머리를 움직이면 안 된다.' 대신에 '스윙동작을 할 때 머리를 그대로 두는 연습을 통해 스윙 동작을 강화하기'로 한다.

이를 위해 나는 골프 레슨을 할 때 긍정적 방향으로 코칭한다. "그렇게 하지 마세요"가 아닌 "이렇게 해보세요"라고 한다. 만약 "머리를 움직이지 마세요"라고 표현하고 싶다면 "손의 이동 크기를 줄여 보시면 머리를 움직이지 않게 됩니다."라고 말한다. "~ 하지마세요"는 일시적인 정지(Pause) 상태를 가져올 뿐, 아무런 개선을 하지는 못한다.

그렇기 때문에 "이렇게 해보세요"라고 대안을 제안하면서 긍정적인 방향으로 코칭하는 것이 단점을 개선하는데 큰 효과가 있다.

원칙 3: 목표는 반드시 현실적으로 도달할 수 있어야한다.

스텝 바이 스텝이다. 나이를 먹었다고 해서 저절로 경험해 보지 않은 일을 통달하게 되는 게 아니다. 게임 고수가 되려면 누구나 레벨 1에서부터 하나하나 미션을 성공해야한다. 이 과정에서 레벨 업이 된다. 욕심을 부리고 자기 수준에 맞는 레벨에서 차근차근 올라가지 않는다면 이내 어려움을 느끼고 포기하게 된다. 현실적으로 가능한 목표를 하나하나 달성하는 게 중요하다. 프로 신인 선수가 1년 내에 메이저 대회 우승하겠다는 식의 지나치게 높은 목표는 목표로서 효과가 없다.

원칙 4: 목표는 이전에 성취된 것이 아니라 반드시 새로운 대상이어야만 한다.

자전거를 배운다고 가정해보자. 처음엔 세발자전거로 시작한다. 그 다음에 두발 자전거를 시작하는데 처음엔 뒤에서 누군가 균형을 잡아준다. 시간이 지나면 스스로 자전거를 탈 수 있게 된다. 양손으로 자전거를 탈 수 있게 되면 한 손을 놓고 연습을 해보고 그 다음에 두 손을 놓고 연습을 해본다. 그런데 두발자전거를 타는 사람에게 처음으로 돌아가서 세발자전거를 타라고 하면 흥미가 떨어지게 마련이다. 그렇기 때문에 과거의 목표를 반복 달성하는 것에서는 성취감이 생기지 않는다. 늘 새로운 목표를 세워야 자극이 되어 경기력을 향상시킬 수 있다.

원칙 5: 목표는 반드시 성격의 변화를 고려해야 한다.

어릴 적 태권도장이나 유도도장, 검도도장을 다닐 때를 생각해 보자. 당시 관장님들은 단순히 주먹질이나 때려눕히는 것에만 집중하지 않았다. 그 운동이 갖고 있는 고유의 정신, 즉 '도'를 가르치는데 많은 애를 썼다. 골프도 마찬가지다. '골프도'라고 불리지는 않지만 골프는 매너를 중요하게 생각하는 신사의 스포츠이다. 이러한 골프 스포츠의 정신은 현재 예의를 중시하는 내 성격에 지대한 영향을 미쳤다. 이렇듯 프로가 된 후 알게 모르게 성격에 변화가 온다. 그게 부정적이든, 긍정적이든 잘 인식해야한다.

원칙 6: 목표를 이루고자 하는 강렬한 욕구가 있어야 한다.

골프레슨 경력이 오래된 만큼 그동안 다양한 사람들을 만났다. 자의적으로 의욕을 갖고 골프를 시작하는 경우가 있는 반면에, 생각보다 많은 사람들이 수동적으로 어쩔 수 없이 골프를 시작하는 경우가 있다. 나는 분명히 동일한 레슨 매뉴얼을 제공하는데 학습자는 다른 결과를 낸다. 그 이유가 무엇일까? 그것은 바로 '강렬한 욕구'의 유무 때문이다.

스스로가 좀더 적극적인 의욕을 갖지 않는다면, 같은 시간 레슨을 받고 연습을 해도 결과가 현저히 낮다. 좋은 결과를 얻기 위해서는 강렬한 욕구가 있어야한다. 강렬한 욕구가 생길 때 목표를 이룰 수 있다. 그래서 나는 학습자에게 한 가지 당부를 한다. 혹시나 수업중 안 좋은 생각은 할 수 있지만 그것을 입 밖으로 내뱉는 것은 하지 않는 것이 좋다고 말이다. 이미 안 좋은 생각이 든 사람에게 그런 생각을 하지 말라고 하는 것은 늦었다. 충분히 그런 생각을 할 수 있으나 말로 내뱉는 것은 굉장히 좋지 않은 결과를 가져온다. 그렇기 때문에 생각을 말로 내뱉은 것은 다소 신중할 필요가 있음을 훈련한다.

원칙 7: 목표를 반드시 달성하겠다는 굳은 결심이 있어야한다.

우리의 뇌는 정해 놓은 시간에 적절한 프레셔(압박)를 주지 않으면 목표를 달성하는 시간이 훨씬 오래 걸린다. 그러므로 마지막으로 강한 결심이 서야한다. 목표에 우유부단하게 대처하면 목표 달성이 요원하다. 기필코 목표를 이루겠다는 결의를 가져야한다. 그 굳은 결심엔 단기적, 중기적, 장기적 목표에 대한 기간과 시간도 포함되어야한다.

03
되는 패턴으로
실수를 줄여라

골프를 시작한지 얼마 안 된 분들은 자연스럽게 한두 개씩의 실수를 하기 마련이다. 이 실수를 제대로 교정하지 못한다면 흥미를 잃고 자신감을 회복하기 힘들다. 그래서 아마추어들은 첫 티샷부터 잘 안 맞을 것 같아서 불안한 마음으로 시작한다. 여기에다 그린 주변에 가까워질수록 자신감은 점점 떨어진다. 눈으로 보기에 비교적 가까운 거리인데도 홀컵 가까이 어프로치하거나 넣을 자신감이 없다.

프로는 어떨까? 프로들은 이미 들어설 때부터 자신감 있으며, 경기 내내 꾸준히 자신감을 유지한다. 티샷, 세컨샷, 어프로치샷, 퍼팅샷까지 일관된 자신감을 갖고 있다. 첫 티샷 시의 자신감이 마지막 홀에서의 자신감으로 이어진다. 이러한 프로들의 자신감은 실수 없는 자기만의 안정적인 '되는 패턴'을 갖고 있기 때문이다. 프로들에게도 고쳐야할 실수가 있지만 프로들은 그것을 완성도 높게 교정해 낸다.

골프 초보자들이 자신감을 회복하려면, 실수를 줄여야한다. 사실, 이는 너무나 뻔한 말이다. 누군 실수를 고치고 싶지 않아서 실수가 몸에 배였는가?라고 항변할 수도 있다. 아마추어에게 스스로 실수를 고치기란 결코 쉽지 않은 이유가 있다. 자신이 어떤 행동을 반복적으로 실수하고 있는지에 대한 인지가 없기 때문이다. 그래서 그저 막연히 연습을 반복하다보니 안 좋은 습관만 자꾸 몸에 배이게 된다.

실수를 고치려면 어떤 행동을 반복하는지 패턴을 분석한 후 바른 동작과 비교해서 완성도 높게 자신의 것으로 만들어야한다. 바른 동작을 몇 번 하는 것으로 끝내서는 곤란하다. 실수는 오랫동안 반복되어온 나쁜 행동으로 이루어진 습관이라고 할 수 있다. 그런데 하루아침에 그 나쁜 습관을 버리고 새로운 습관을 만들기란 일반적인 아마추어에게 쉬운 일이 아니다. 하지만 의외로 나쁜 습관을 고치는 것이 생각보다 어렵지 않다.

그 방법이 바로 '되는 패턴'이다. 이는 '인지-> 비교 -> 반복'의 3 사이클로 이루어져 있다. 이대로 실천하면 골프 초보자들이 어렵지 않게 실수를 교정하여 바른 동작을 자기 것으로 만들 수 있다. 내가 다른 사람에 비해 새로운 정보나 교육을 빠르게 습득할 수 있는 이유가 '되는 패턴'을 사용하기 때문이다. 이것이 내 골프레슨의 큰 장점

중 하나인데 빠른 시간에 고객의 동작을 교정해 주는 것 또한 '되는 패턴'을 이용하기 때문이다.

'인지->비교->반복'의 '되는 패턴'에 대해 자세히 알아보자. 대부분의 사람은 새로운 것을 경험할 때 자신이 어떤 행동을 하는지 전혀 파악하지 못한다. 즉, 3인칭 시점에서 나를 관찰하는 능력이 부족하다. 그렇기 때문에 그것을 인지시켜줄 필요가 있다. '인지'는 알고 있는 정보와 자세가 바른지, 바르지 않는지에 대해 정확히 아는 것을 말한다. 그리고 나서 비교를 해야 한다. 즉, 내가 방금 전 나도 모르게 했던 습관을 어떻게 해야 하는지 비교해 보는 것이다. '비교'란 내 정보와 동작이 바르지 않다면, 바른 것과 비교를 하는 것을 말한다. 이렇게 비교가 된 후에야 비로소 반복을 해야 한다. '반복'은 비교가 된 바른 것 곧 바른 정보와, 동작의 어색함을 느끼면서 익숙할 때까지 반복하는 것을 말한다.

중요한 것은 '되는 패턴'은 3사이클로 이루어져 있다는 점이다. 한 번만으로는 큰 변화를 꾀하기 힘들다. 최소 3번은 '되는 패턴'을 반복할 때 비로소 바르지 않은 정보와 동작을 완전히 버릴 수 있고 이를 통해 바른 정보와 동작을 내 것으로 만들 수 있다. 이러한 '되는 패턴' 3사이클을 순서대로 소개한다.

첫 번째 사이클('인지->비교->반복')

내가 어떤 새로운 동작을 초보자에게 알려주면 대부분은 시킨 걸 완벽하게 잘하고 싶어 한다. 사실, 초보자들이 새로운 것에 쉽게 도전하지 못하는 이유가 바로 이 완벽해지려고 하는 마음에 있다. 나는 순서대로 하는 것이 완벽하게 하는 것보다 쉽다고 강조하고 있다. 순서대로 하다보면, 다소 어색했던 동작들이 10회 정도만 반복해도 편안해지는 것을 알 수 있다.

이때 같은 동작을 순서대로 반복하다보면 반드시 공통적으로 같은 부분에서 실수하는 것을 발견할 수 있다. 따라서 첫 번째 사이클에서는 완벽하게 하기 위함이 아니라 공통적인 실수를 찾기 위함이다. 생소한 동작을 배울 때는 당연히 공통적인 실수 한 두 개가 반드시 나온다. 완벽해지고 싶지만 그렇게 하지 못한다. 따라서 첫 번째 사이클을 통해, 자신의 실수를 인지하고 바른 것과 비교한 후 바른 동작을 반복하도록 만들어야한다. 하지만 1회 사이클만으로는 부족하다. 온전히 바른 동작이 몸에 스며들기 어렵다.

두 번째 사이클('인지-> 비교-> 반복')

바꾼 동작이 제대로 되는지 확인 후 재인지하고, 바른 것과 비교하여 바른 것을 재반복 한다. 이를 통해 공통의 실수가 보완되고, 첫 번째 사이클보다 완성도가 높아진다는 것을 알 수 있다. 최소 10회만 반복해도 효과가 좋다.

세 번째 사이클('인지-> 비교-> 반복')

완성도가 높아진 상태에서 재확인을 한 번 더 하면, 세 번째 사이클을 반복한다. 이로써 예전의 실수로 돌아가려는 관성을 완전히 끊어낼 수 있다. 이제 비로소 새롭게 습득된 완성도 높은 바른 동작이 자신의 것으로 체화할 수 있게 된다. 3사이클 법칙은 작은 것에서부터 큰 것으로 도달하게 하여 성취감을 높이기 때문에 자신감이 향상된다.

골프 클럽을 내던지고 싶은 당신, 자신감이 없는가? 그 이유는 내가 무엇을 잘못했는지 파악하지 못하는 잦은 실수에 있다. 이는 골프 초보자들 대다수에 해당된다. 스윙의 시작은 그립이다. 그립이 잘 착용되어야 스윙이 잘 되고 자신감이 온다. 그렇다면 바르게 그립을 착용하고 자신감을 얻기 위해서는 어떻게 해야 할까? '되는 패턴'의 3사이클을 적용해서 매뉴얼대로 그립을 착용해 보면 된다.

이렇듯 되는 패턴은 골프에서만이 아니라 우리내 일상에서도 무엇을 배울 때 활용해 본다면 남들보다 빠르게 자신이 얻고자 하는 것을 얻을 수 있게 된다.

04
기본기를 위해 연습하라

"한국 선수들 사이에는 US여자오픈 우승은 우리 것이라는 인식이 널리 퍼져 있는 것 같다. 선배, 동료 선수들이 자주 우승하다 보면 '나도 할 수 있다'는 자신감이 퍼진다."

한국여자프로골프협회 강춘자 부회장의 말이다. 2010년에 이미 한국여자 선수가 US여자오픈 대회에 총 11명이나 우승을 했다. 이만큼 많은 우리나라 선수가 우승을 많이 하다 보니, 우리나라 선수들이 '우승은 우리 것'이며 '나도 할 수 있다'는 자신감을 가지고 있다.

US여자오픈은 LPGA투어에서 가장 난도가 높은 코스에서 열린다. 그래서 이 경기에서 우승을 하려면, 누가 더 버디를 많이 잡아내느냐가 아니라 누가 실수를 덜 하느냐가 중요하다. 어려운 코스일수록 중요한 것은 바로 기본기다. 기본기가 탄탄해야 실수를 하지 않고 점수를 잃지 않기 때문이다.

이런 점을 기억하고, 앞의 강춘자 부회장의 말을 다시 재음미해보자. 우리나라 선수가 US여자오픈 우승에 대한 자신감은 단지 우리나라 선수가 자주 우승하기 때문이 아니다. 그 우승의 밑바탕에는 공통적으로 탄탄한 기본기가 있다. JTBC 골프 임경빈 해설위원은 말한다.

"US여자오픈처럼 어려운 코스에서는 기본기가 약하거나 한두 가지 취약점이 있다면 우승하기 어렵다. 정상급 한국 선수들은 기본기가 탄탄하다"

이 기본기가 있기 때문에 우리나라 선수가 US여자오픈 우승을 많이 했으며, 이와 함께 우리나라 선수는 우승할 수 있다는 자신감이 충만한 것이다. 자신감을 가지려면 탄탄한 기본기가 베이스에 깔리도록 부단히 연습에 매진해야한다.

자신감하면 빠질 수 없는 세계적인 테니스 선수가 있다. 바로, '흑진주'라는 불리는 미국 여자 테니스 선수 세레나 윌리엄스이다. 그녀는 큰 경기에서 흔들리지 않는 하이멘탈, 곧 자신감을 선보이기로 유명하다. 그녀는 미국의 프로 테니스 여자 선수로 남녀 통산 그랜드슬램 최다승의 위업을 달성했다. 프랑스 철학자이자 작가인 샤를 페팽은 『단 한걸음의 차이 자신감』에서 이렇게 말했다.

"세레나는 테니스 역사상 그랜드슬램 토너먼트 결승전의 서브 게임에서 매치포인트를 따낸 유일한 선수이기도 하다. 그것도 한번이 아니라 세 번이나 그런 우승을 기록했다. 이 정도의 기록을 내기 위해서는 주요 토너먼트 결승전의 서브게임을 지켜야하는 상황에서도 결코 흔들리지 않을 만큼의 자신감이 필요하다. 이러한 자신감은 실력에서 나오는 것이며, 그 실력은 강도 높은 훈련으로 다져지는 것이다."

이처럼 샤를 페팽은 그녀의 우승 원동력으로 자신감을 꼽고 있으며, 이 자신감은 강도 높은 훈련으로 다져진 실력에서 나오는 것이라고 한다. 여기서 말하는 실력은 곧 기본기와 다름없다. 기본기는 실력의 원천이며, 기본기 없는 실력 향상은 없기 때문이다.

세레나 윌리엄스의 자매인 비너스 윌리엄스 또한 세계적인 선수이다. 이 자매는 아버지의 지도로 어릴 때부터 라켓을 쥐고 테니스를 했다. 두 자매는 대부분의 시간을 코트 위에서 보낼 정도로 많은 연습을 했다. 이때, 아버지는 자매에게 서브와 묵직한 타구의 베이스라인 중심의 공격적인 테니스를 지도했다. 이를 위해 자매는 강한 체력 훈련을 거듭했다. 그 결과, 세레나는 시속 200킬로미터의 서브 속도를 내는 여성 최초의 테니스 선수가 되었다.

여기서 보듯이 세레나는 어릴 때부터 탄탄하게 기본기를 다져왔음을 알 수 있다. 이 기본기를 바탕으로 그녀의 빼어난 실력이 탄생한 것이다. 그 결과, 그녀는 큰 경기에서 흔들리지 않는 자신감을 가질 수 있었다. 자신감에는 부단한 연습을 통한 기본기가 중요함을 알 수 있다.

자신감은 연습을 통한 기본기에서 나온다. 흔히, 자신감은 자신이 원하는 걸 얻어내는 경쟁력(self-confidence)을 말한다. 골프의 경우 승리하기 위한 경쟁력이 바로 자신감이다. 이 자신감은 탄탄한 기본기를 위해 오랫동안 흘린 피땀에서 탄생한다. 기본기가 없는 상태에서 "할 수 있다.", "우승할 수 있다"는 식의 자기 암시는 공허할 뿐이다. 오로지 성실한 연습을 통해 만들어진 기본기에서 자신감이 샘솟는다.

자신감이 없는가? 그렇다면 당신은 불안할 것이다. 불안을 정신적 문제로 보고 정신적 측면에서 원인을 찾는 것은 잘못되었다. 불안하다면 자신감이 없기 때문이며, 이는 기본기의 부재가 그 원인이다.

프로골퍼들은 충만한 자신감을 위해, 오랜 시간을 라운드에서 보냈다. 이때, 기본 중의 기본인 스윙을 수없이 반복 연습하여 탄탄한 스윙 동작을 갖출 수 있었다. 프로 선수처럼 자신감을 가지려면, 무엇보다 스윙의 기본기를 탄탄하게 해보면 어떨까?

스윙 폼의 9단계는 다음과 같다.

그립(Grip) ▶ 어드레스(Address) ▶ 테이크백(Take Back) ▶ 하프스윙(Half swing) ▶ 탑 오브 스윙(Top of Swing) ▶ 다운스윙(Down Swing) ▶ 임팩트(Impact) ▶ 팔로스루(Follow Through) ▶ 피니시(Finish)

스윙의 메커니즘은 도미노처럼 연쇄성으로 이루어져 있다. 어드레스(준비 자세) 곧 정적인 동작이 동적인 동작에 100% 영향을 미친다. 이러한 기본 원리 아래 원하는 곳으로, 원하는 거리만큼 능숙하게 볼을 보낼 수 있도록 기본을 반복해서 연습하자.

기본기를 위해 연습을 해야 하는데, 연습은 총량의 법칙이 있다. 어느 정도 수준의 것을 인지, 비교, 반복했다면 더 이상 연습하지 않아도 자연스럽게 나오는 단계가 된다. 마치 자전거 타는 법을 한 번 배우면 다시 연습하지 않아도 되듯이 말이다. 참고로, 골프 연습하는 사람은 네 가지로 구분된다.

1. 하수: 적당히 스윙을 몇 번 휘둘러 본 후 감을 잡을 때까지 연습한다.
2. 중수: 시간을 정해 놓고(1시간, 2시간) 그때그때 연습하고 싶은 것들을 연습해 본다.
3. 고수: 시간을 정해 놓고 퍼팅, 어프로치, 아이언, 드라이버 순서대로 시간을 배분해서 연습한다.
4. 골린이: 어떻게 연습해야 하는지 몰라서 옆 사람을 보고 따라 연습한다.

이 가운데 1년 뒤 좋은 결과를 내는 것은 3번의 고수의 연습 방법이다. 1번처럼 연습하는 사람은 연습을 통해 감을 잡을 수도 있고 못 잡을 수도 있다. 확률은 늘 50 대 50이다. 하지만 실전에서는 이마저도 생각처럼 되지 않는다. 왜 그럴까? 한 가지 착각하는 것은 '감'은 내일까지 유지되지 않는다는 사실이다. 감은 1회성으로 느끼고 끝나게 된다. 다만 내 자신이 최대한 비슷한 감을 유지하고 싶다면 같은 동작을 반복해서 연습해야 한다.

당신은 골프 스윙이 좋든지, 나쁘든지 그저 공을 쳐내는 것에 집중해야 한다. 그러면 무의식적으로 당신의 모든 근육과 관절들이 공을 맞추기 위해 노력하기 시작한다. 그런데 당신이 어떤 동작을 의식적으로 신경 쓰면 무의식의 통제를 받는 감은 쉽게 발휘되지 못하게 된다. 차라리 한 가지 동작에만 집중하게 되면 오히려 감각이 올라오게 된다. 물론, 기본기가 전혀 없는 사람은 많은 시간과 경험을 해야만 감을 잡게 된다.

이렇듯 감을 찾기 위해서는 같은 동작을 무의식적으로 반복해야만 한다. 그렇게 되면 의식이 사라지고 무의식화 된 상태가 되고, 그때 비로소 내 감이 발휘가 되기 시작한다.

그런데 1번 연습을 하는 사람들의 특징을 보면 매 샷마다 다른 의식을 하며 생각으로 통제해서 감을 찾으려 한다. 나는 수많은 골프 코칭을 하면서, 감각과 폼은 어느 한쪽을 신경 쓸 경우 어느 한쪽이 발휘되지 못한다는 특징을 발견했다. 즉, 폼을 신경 쓰면 감이 떨어져서 공이 안 맞고 감을 신경 쓰면 폼이 망가지게 된다. 물론 기본기대로 폼을 어느 정도 완성 후 감을 잡게 되면 불확실한 결과를 만들지는 않는다.

그렇기 때문에 폼과 감을 구분해서 그때그때 알맞은 연습을 해야

한다. 오늘 폼을 고치고 싶다면 공 맞는 것을 포기해야 하고, 오늘 감을 잡고 싶다면 어느 정도 폼을 포기해야 한다. 이것을 교차해서 연습한다면 폼과 감이 좋아지는 것을 경험하게 된다.

이렇게 할 때 스윙 동작이 바르게 되고, 그러면 스윙의 탄탄한 기본기에서 프로의 핵심적인 하이멘탈 자신감이 생겨난다. 다른 동작, 기술도 마찬가지다.

05
이미지를
생생하게 구체화하라

미국 일리노이대학 연구진이 흥미로운 실험을 진행했다. 연구진은 이 대학 농구팀 선수를 A, B, C 그룹으로 나눈 후 각기 다른 방식으로 한 달간 훈련을 시켰다. 각 그룹 선수에게 이런 지시가 내려졌다.

A 그룹 선수: "슈팅 연습을 매일 하시오."
B 그룹 선수: "슈팅 연습을 하지 마시오."
C 그룹 선수: "매일 30분간 마음속으로 자신이 직접 공을 던져 득
　　　　　　점하는 장면을 그려 보시오. 그리고 실력이 향상되
　　　　　　는 자신의 모습을 상상하시오."

한 달 후 놀라운 결과가 나왔다. B 그룹은 예상대로 아무런 실력

향상을 보이지 않았다. 그런데 A 그룹과 같이 C 그룹의 슈팅 득점률이 25% 향상되었다. 전혀 실제로 연습하지 않고 오로지 이미지트레이닝(Image training)만 한 C 그룹 선수의 기량이 향상된 것이다. 이는 마음으로 생생하게 이미지를 그리는 훈련이 효과가 있음을 입증해주고 있다.

실제로 다양한 분야의 스포츠에서 이미지 훈련을 통해 실력을 향상시킬 수 있다. 상상만 해도 뇌 신경회로가 근육에 명령을 내리기 때문이다. 행동을 전혀 하지 않아도 근육이 자발적으로 작동한다. 고로, 실제 운동을 하지 않아도 상상만으로 신경 전달이 되고 근전도가 활성화된다. 이는 심상이 실제 동작을 한 것과 같이 근육에 어떤 반응을 하여 근육의 운동기억을 강화시켜준다는 심리신경근이론(psychoneuromuscular theory)에 따른 것이다.

특히나 골프에서는 더더욱 이미지트레이닝의 효과가 크다. 이미지트레이닝을 지속적으로 하면, 프로의 핵심적인 하이멘탈 자신감이 생기는 것과 함께 탁월한 기량을 뽐낼 수 있다. 상상만 해도 연습이 되며, 실전 경기에서는 상상으로 자신 있게 볼을 원하는 대로 이끌어 갈 수 있다.

야구에서 투수가 스트라이크를 던지기 위해 기본적인 자세를 배우고 나면, 스트라이크 존을 바라보며 계속해서 던지는 연습을 한다. 이것이 한곳에 몰입하여 계속해서 근육의 섬세함을 발달시키는 과정이다. 만약 같은 연습을 하더라도 자세에만 신경을 써서, 스트라이크 존 한곳에 집중하는 훈련을 하지 않으면 상상력 훈련의 효과를 크게 보지 못한다. 그래서 대부분의 아마추어들은 상상 훈련이 그저 이론일 뿐이고 자신과는 다소 거리가 있다고 느끼기 때문에 특별한 방법을 찾으려고 한다. 하지만 그런 특별한 방법은 딱히 찾기 힘들다. 구체적인 상상력으로 근육을 반응시키는 훈련만큼 효과적인 방법이 없기 때문이다.

"나는 먼저 퍼팅 라인을 마음속으로 그려봅니다. 그 라인을 따라서 볼이 라인을 타고 굴러가는 모습과 홀 컵으로 들어가는 모습을 상상합니다. 그 다음에 홀 컵에 들어갔던 볼이 다시 나와서 퍼팅 라인을 따라서 퍼터 앞에 멈추어 서는 것을 봅니다."

골프의 제왕, 잭 니클라우스는 골프는 멘탈이 50%, 셋업이 40%, 스윙이 10%라고 할 정도로 멘탈을 중요시했다. 그는 멘탈 강화를 위해 심상 훈련 곧 이미지트레이닝(Image training)을 강조했다. 실제로 그는 골프클럽을 휘두르기 전에 치고자 하는 샷을 마음속으로 그려본다. 이때 날씨, 하늘의 색깔, 나무 모양 등의 그림을 머릿속으로 선명하게 만든다. 이는 매치 플레이를 하기 전에도 마찬가지다.

그는 경기를 마치고 상대 선수와 악수하는 모습까지 생생하게 이미지트레이닝을 한다. 심지어 연습장에서 샷을 할 때조차 머릿속에서 이미지를 그리기 전에는 절대 샷을 하지 않는다고 한다. 이렇게 해서, 그는 남자 프로골프 세계 4대 대회를 모두 석권해 커리어 그랜드슬램 3회 달성의 대위업을 이룰 수 있었다.

골프 황제 타이거 우즈도 마찬가지다. 예일대학교 예일-뉴헤이븐

병원의 신경과 의사는 『뇌가 지어낸 모든 세계』에서, 상상만으로 운동 실력이 좋아진다고 역설하고 있다. 그러면서 타이거 우즈의 아버지가 밝히는 타이거 우즈의 색다른 연습법이 곧 이미지트레이닝임을 소개하고 있다.

"타이거는 메이저 대회를 앞두고 한 주 동안은 정신(멘탈)과 신체를 세심하게 조절했습니다. 골프장에서 라운딩을 연습하고 집으로 돌아오면 타이거는 눈을 꼭 감은 채 침대에 누워 있었죠. 아들은 머릿속에서 자신이 해야 할 샷을 치고 있는 중이라고 설명하더군요."

나는 '계획대로 되지 않지만 상상대로 된다'는 좌우명을 가지고 있다. 그래서 골프 레슨을 시작할 때, 꼭 강조하는 것이 '이미지를 생생하게 구체화하라'이다. 이대로 할 때 실력 향상과 함께 자신감이 배가 된다. 고객들에게 이미지를 생생하게 구체화하라고 지시를 하고, 고객들이 이를 잘 따르게 하기 위해서는 우선 이미지트레이닝 효과를 잘 설명해줘야 한다. 이때, 내가 자주 예로 드는 것이 KBS의 대표적인 예능 프로그램인 〈1박 2일〉이다.

이 프로그램에서 가끔 출연자들이 복불복 게임으로 상대 출연자에게 간장, 레몬, 까나리 젓갈 등을 먹인다. 그러면 상대 출연자들이 인상을 찌푸린다. 그런데 방송 시청자 또한 직접 간장, 레몬, 까나리 젓갈을 먹는 것이 아닌데 인상을 찌푸린다. 이는 방송을 보는 것만으로 마치 시청자 자신이 그 자극적인 음식을 먹는 것 같이 되기 때문이다. 시청자들은 방송 출연자들이 자극적인 음식을 먹는 것만으로 근육이 움직이고, 침샘이 자극된다. 심지어 몹시 자극이 된 시청자는 채널을 돌려버리기조차 한다. 뇌는 진짜와 가짜를 구별하지 못한다는 뇌과학 연구가 잘 뒷받침해준다.

이것이 이미지트레이닝의 효과를 잘 보여주고 있다. 시청자들은 출연자가 벌칙으로 먹는 장면을 통해, 뇌에서는 마치 자신이 먹는 것 같은 이미지를 그려냈다. 이렇게 해서 시청자의 뇌신경, 근육, 세포, 호르몬 등이 반응을 한다.

좀 더 이해하기 쉽게 고객들에게 이렇게 말하기도 한다.

"레몬을 머릿속으로 떠올리고 먹는 장면을 생생하게 그려보세요. 그러면 신맛이 나는 것 같아서 침샘이 고이고, 근육이 떨리는 경험을 하실 것입니다."

이게 이미지트레이닝의 효과다. 머릿속으로 생생하게 그리면 실제와 같은 경험을 하게 된다는 것이다. 아마추어 골퍼들보다 내가 더 골프를 잘하는 이유 역시 이미지트레이닝에 있다. 나는 아마추어보다 동작의 구체적인 이미지를 잘 알고 있고 꾸준히 이미지 훈련을 해왔다. 이는 골프 레슨에서도 마찬가지다. 남들보다 내가 골프를 잘 가르치는 이유도 학습자에게 동작의 구체적인 이미지를 알려주고, 그 이미지 훈련을 하도록 하기 때문이다. 골프를 막 시작한 골린이에게 한결같이 알려주는 '이미지 훈련을 잘하는 방법' 두 가지는 아래와 같다.

1. 단어(용어)를 먼저 만들라.

우리 뇌는 컴퓨터와 아주 흡사하다. 즉, 당신의 컴퓨터에 새로운 정보를 담을 때 무엇을 먼저 하는지 생각해 보라. 아마도 새로운 폴더를 먼저 만든 후 그곳에 당신이 넣고자 하는 정보를 넣어서 정리를 한다. 우리의 뇌도 마찬가지다. 어떤 동작이나 행위를 기억하기 위해서는 먼저 단어라는 폴더가 형성되어야 한다.

누군가 아주 멀리 떨어진 곳에서 차렷을 지시했고, 당신이 이것을 따라야하는 상황이라고 하자. 그러면 "차렷"이라는 단어 하나만으로도 당신의 근육과 뼈가 움직이게 된다. 하지만 단어를 정확히 말하지 않고 "똑바로 한번 서보십시오"라고 말한다면 개개인마다 똑바로 서는 기준이 다를 수 있으므로 차렷처럼 확실하게 몸의 반응을 일으키지는 못한다. 그러므로 당신이 어떤 것을 빠르게 습득하고 싶다면 단어를 먼저 만들라. 그러면 훨씬 좋은 결과를 가져다주고, 오랜 기간 써먹을 수 있도록 해준다. 아는 것보다 중요한 건 앎의 깊이다. 그 깊이를 더하려면 단어가 먼저 형성되어야 한다. 그렇다면 당신은 그 깊이 만큼 근육을 움직여 행동하게 된다.

2. 결과 중심적으로 생각하라.

골프스윙은 결국 원하는 방향으로 원하는 거리만큼 보낼 수 있으면 되는 것이다. 그런데 너무 스윙 동작 하나 하나에 공을 들이는 경우가 많다. 이렇게 되면 감각이 둔해져서 오히려 미스샷의 원인이 된다. 한번 이런 의식의 스위치가 켜지면 좀 더 결과론적인 것에 집중하는 것이 아니라, 다시 스윙 과정에 집착하게 되는 악순환이 반복되면서 오히려 미스가 증가하게 된다. 스윙은 집중하되 집착하지 말아야 한다.

그래서 가끔은 모든 걸 내려놓고 포기하는 순간 공이 잘 맞는 경험을 하게 된다. 그저 결과 중심적인 생각의 스위치를 켜게 되면 당신의 근육과 세포는 당신이 이루고자 하는 것을 위해 일하기 시작한다. 결과 중심적인 사고는 우뇌를 사용하게 되고, 과정 중심적 사고는 좌뇌를 사용하게 된다. 그러므로 구체적인 이미지를 그리기 위해서 우뇌를 사용할 수 있도록 결과 중심적으로 생각하라.

박세리 선수는 "반복은 천재를 낳고 믿음은 기적을 낳는다."라고 말했다. 여기서 말하는 '믿음'이 구체적으로 무엇을 말할까? 막연히 믿으면 이루어진다는 비과학적인 믿음이 아니다. 박세리 선수는 비가 올 때 이미지트레이닝으로 연습을 할 정도로 누구보다 이미지트레이닝을 잘 활용한 선수다. 따라서 앞에서 말하는 '믿음'은 이미지로 생생하고 구체적으로 그린 이미지에 대한 믿음으로 보는 게 맞다.

실력을 끌어올리고 자신감 있게 골프를 하도록 만드는 이미지트레이닝 방법은 3가지다. 다음 3가지 방법을 꾸준히 반복하여 이미지트레이닝의 효과를 극대화하자.

1. 제3자 입장에서의 이미지트레이닝

비디오카메라 또는 스마트폰 동영상 기능으로 자신의 스윙 동작을 찍은 후, 비디오를 관찰하는 방법이다. 이렇게 해서 자신의 동작을 생생하게 그리면서 훈련하는 것이다. 이때, 문제점을 고쳐갈 수 있다. 이유는 앞서 이야기 했듯이 자신의 스윙을 3자의 입장에서 보게 되면 좀 더 자신의 행동을 쉽게 인지할 수 있기 때문이다.

2. 자기 관점에서의 이미지트레이닝

편안히 눈을 감은 상태로 자신이 스윙을 한다고 이미지를 그린다. 몸과 클럽의 움직임, 임팩트 순간의 느낌을 하나하나 느끼면서 스윙 훈련을 한다. 필요하다면 각각의 구분 동작 사진을 앞에 두고 최대한 그와 비슷하게 따라해 보는 것도 좋다.

3. 실제 라운드로 하는 이미지트레이닝

나는 골린이들의 머리를 얹으러 첫 필드를 갔을 때 꼭 하는 게 있다. 코스의 레이아웃을 보며 당신이 지금 어떤 코스에서 골프를 치고 있는지 바라보게 하며 인지시켜주는 것이다. 대부분의 골린이는 내가 골프공만 잘 치면 마치 당장이라도 100타를 깰 것으로 생각한다. 이게 착각이 되지 않고 현실이 되려면, 코스를 눈에 익히고 코스에 익숙해지는 훈련을 병행하는 게 좋다. 이렇게 하면 100타를 깨는데 훨씬 큰 도움이 된다.

당신이 어떤 장소에 운전해서 갈 때도 머릿속에 지도가 있다면 쉽게 갈 수 있다. 하지만 평소 운전을 잘하던 사람도 머릿속에 지도가 없고 네비게이션만 의존해야 한다면 그 좋던 운전 실력이 방해를 받게 마련이다. 이렇듯 골프 코스를 자꾸 보고 외우는 것은 초보 운전자가 길을 익히는 과정과 같다. 골프코스가 눈에 들어오기 시작하면 오히려 마음의 여유가 생기고 침착하게 스윙에만 집중하게 된다. 큰 숲을 먼저 보고 목적지를 정한 후, 눈앞의 나뭇가지를 하나씩 헤치고 목적지까지 전진하는 효과를 보게 된다.

골프 명언 26

• • •

① "첫째, 포기하지 말라. 둘째, 장악하라. 셋째, 클럽으로 말하라. 넷째, 개선하라. 다섯째, 위협하라."

- 타이거 우즈

② "모두가 110%의 노력을 쏟지만 그보다 더 중요한 것은 얼마나 즐기고 있느냐는 것이다. 그게 진짜 '열심히'의 의미이다."

- 박세리

③ "힘을 빼고 서서히 스윙하라. 볼은 결코 도망치지 않으니까."

- 샘 스니드

④ "골프는 멋진 교훈을 주는 게임이다. 그 첫 번째는 자제, 즉 불운을 감수할 수 있는 미덕이다."

- 프란시스 위멧

⑤ "화가 나서 클럽을 던질 때는 앞으로 던져라. 그래야 주우러 갈 필요가 없으니까."

-토미 볼트

⑥ "사람에게 이기려면 게임으로 이기려 해서는 안 된다. 연습과 노력으로 이겨야 한다."

- 벤 호건

⑦ "집중력은 자신감과 갈망이 결합하여 생긴다."

- 아놀드 파머

⑧ "대개의 골퍼들은 골프를 플레이하는 것만 알고 있지 코스를 플레이하는 것은 잊고 있다."

- 토미 아머

⑨ "골프가 어려운 것은 정지한 볼을 앞에 두고 어떻게 칠 것인가 하고 생각하는 시간이 너무 많다는 데 있다."

- 아치 호바네시안

⑩ "경직되면 우선 그립과 걸음걸이에 나타난다."

-보비 로크

⑪ "자신 있으면 긴장된 상태에서도 릴렉스할 수 있다."

- 보비 클럼페트

⑫ "골프에서 방심이 생기는 가장 위험한 시간은 만사가 순조롭게 진행될 때이다."

- 진 사라센

⑬ "골프를 즐기는 것이 바로 이기는 조건이 된다."

- 헤일 어윈

⑭ "골프 스코어는 그린 주변 70야드에서 결정된다."

- 벤 호건

⑮ "많은 샷들이 마지막 순간에 몇 야드를 추가하려는 노력 때문에 망쳐진다."

-바비 존스

⑯ "멀리 그리고 정확하게 치기를 원한다면 천천히(slower), 짧게(shorter) 그리고 부드럽게(softer) 3S로 백스윙 하라."

-게리 플레이어

⑰ "사람들이 내 스윙이 완벽하지 않다고 말하는 걸 들어서 나도 안다. 난 내 스윙이 평평하다는 것에 대해 신경 쓰지 않는다.

잘 되면 바꿀 필요가 없다."

- 세르히로 가르시아

⑱ "어떻게 볼을 칠 것인가가 아니라 어떻게 홀을 공략할 것인가 가 이기는 조건이다."

- 잭 니클라우스

⑲ "퍼트라인 읽기는 항상 최초의 판단이 가장 정확하다. 그것을 수정하면 대개는 라인을 벗어난다."

- 조지 덩컨

⑳ "골프는 용사처럼 플레이하고, 신사처럼 행동하는 게임이다."

- 데이비드 로퍼트 포건

㉑ "가장 좋은 전략은 당신의 스윙을 믿는 것이다."

- 로리 마이어스

㉒ "골프에서의 승리는 체력보다는 정신력과 강인한 인격에 있다."

- 아놀드 파머

㉓ "연습은 기술을 닦는 곳, 코스는 스코어를 내는 방법을 배우는 곳이다."

- 진 니들러

㉔ "실수는 골프의 한 부분이다. 다양한 실수를 얼마나 극복하느냐가 위대한 플레이어라는 증거다."

- 앨리스 쿠퍼

㉕ "사람의 진정한 성격을 알고 싶다면 골프를 쳐보면 된다."

- P.G 우드하우스

㉖ "스코어에 집착하지 말고 가끔씩은 페어웨이 주변에 핀 장미의 냄새를 맡을 줄 아는 여유를 가져라."

- 영국 격언

PART 4

인내력이
천재를
이긴다

01
꿈이 인내력을 이끌어낸다

인내력이란 단어에 어울리는 골퍼를 한명 꼽으라고 하면, 우리나라의 박인비 선수를 떠올리게 된다. 박인비 선수는 LPGA 18승을 했다. 이 가운데 메이저대회 7승을 했으며, 4대 메이저 대회를 모두 우승하여 커리어 그랜드 슬램(Career Grand Slam)을 이루었다. 여기에다 올림픽 금메달까지 차지함으로써 한국인 최초 골든 커리어그랜드슬램(그랜드슬램 + 올림픽 금메달) 선수가 되었다.

박인비는 박세리 키즈이다. 1998년 박세리 선수가 맨발 투혼으로 LPGA에서 한국인 여성 최초로 우승하던 모습을 보고 골퍼의 길을 걸었다고 한다. 그녀는 박세리 선수를 통해 골프에 대한 꿈을 꾸고 10년 뒤 2008년 제63회 US여자오픈골프선수권 대회에서 우승을 했다. 당시 나이 20세에 당당히 우승 트로피를 들어 올리며 박세리 키즈 1호로 불리기 시작했다.

평소 박인비 선수는 말수가 적고 무뚝뚝하다. 그녀는 완벽한 포커 페이스를 유지하는데 감정 기복이 심하지 않은 선수로 유명하다. 이는 곧 그녀가 평정심을 잘 유지하고 있다는 말이다. 과연, 그녀의 탄탄한 평정심은 어떻게 해서 만들어졌을까? 그 동인이 무엇일까?

스윙 기술일까? 아님, 타고난 체력이나, 운동 신경일까? 아니다. 그 동인은 바로 프로의 핵심적인 하이멘탈의 3가지 중, '멘탈의 꽃'이라고 불리는 인내력이다. 나는 개인적으로 박인비 선수의 멘탈을 아주 높게 평가한다.

박인비 선수는 골프가 스윙이나 체력만으로 우승할 수 없다는 것을 정확히 보여주고 있다. 모든 스포츠는 선수의 멘탈 관리로 평정심을 유지하는 게 굉장히 중요하다. 특히 상위 1% 프로에 도달하려면 결국 멘탈 관리가 결정적인 영향을 주게 된다. 이점에서 박인비 선수야말로 평정심을 기막히게 잘 유지한다고 볼수 있다. 나는 평정심을 유지하기 위해 절대적으로 필요한 게 바로 인내력이라고 본다.

2008년 US여자오픈골프선수권대회에서 박인비 선수가 우승했다. 이때, 조선일보 김아림 기자가 그녀 및 그녀의 아버지와의 이메일 인터뷰 기사를 공개했다. 기자가 그녀에게 물었다.

"어릴 때부터 골프를 시작했는데, 힘든 점은 없었나요?"

박인비 선수가 대답했다.

"처음엔 세리 언니처럼 볼을 치는 재미에 시간가는 줄 몰랐어요.

매일 수업이 끝나면 골프 연습하고 공부하고 또 연습하고..."

이어서 그녀의 아버지가 말했다.

"인비는 한 번도 불평하지 않고 묵묵히 연습하는 선수입니다."

그 당시 대회에서 다른 경쟁자들이 강한 바람에 평정심을 잃고 무너졌다. 하지만 악천후 상황에서도 박인비 선수는 흔들리지 않고 우승까지 거머쥐었다.

이렇게 박인비 선수가 인내력이 좋은 이유가 무엇일까? 인내력은 참아내는 힘이다. 근력이 근육의 힘이듯 인내력 또한 멘탈 근육의 힘이다. 근육을 발달시키려면 웨이트 트레이닝이 필요하듯, 우리의 인내력 역시 꾸준한 훈련을 해서 키워야만 마지막 1분을 달리게 하는 힘이 생긴다. 그럼, 어떻게 해서 인내력을 키울 수 있을까? 그렇게 하려면 꿈, 곧 결과론적 목표를 설정하고 상상해야한다.

박인비 선수에게는 박세리 선수처럼 LPGA 대회에서 우승한다는 꿈과 함께 마치 자신이 우승컵을 안고 있는 모습까지 상상했을 것이다. 그래서 힘든 줄 모르게 매일 같이 훈련에 매진했다. 경기에서도 마찬가지다. 꿈이 있었기에 온갖 악조건에 흔들지 않고 자신의 실력을 온전히 발휘할 수 있었다.

세계적인 골프 심리학자 밥 로텔라는 말했다.

"인내심은 골프에서 있어서 가장 과소평가된 덕목이면서도 아마도 가장 가르치기 어려운 덕목이다. 아마추어 선수나 프로 선수나 미래의 큰 꿈이 있다면 끈기를 발휘할 수 있을 것이다. 하지만 꿈이 사라지면 끈기도 함께 사라진다."

그에 따르면 골프에서의 인내심(인내력)은 꿈을 추구하는 긴 시간의 인내와 경기 중 원치 않은 상황을 대처하기 위한 짧은 시간의 인내가 있다고 한다. 이러한 인내심 곧 인내력을 발휘하기 위해서 절대적으로 필요한 것이 바로 마치 그렇게 될 것으로 믿는 꿈이다.

다이어트를 위한 대표적인 유산소 운동은 조깅이다. 운동 강도에 따라 다소 차이가 있지만 3개월간 주 3회, 하루 20~30분 이상 꾸준히 조깅을 한다면 당신은 반드시 5kg을 감량할 수 있다는 연구 결과가 있다. 그렇지만 이를 실천하기가 쉽지 않다. 만약, 누구나 이를 쉽게 할 수 있다면 다이어트는 매우 쉬운 게 된다.

실제로 조깅을 해본 사람은 안다. 처음 조깅을 하는 게 얼마나 힘든 것인지를. 뛰다가 도중에 포기하고 싶은 마음이 굴뚝같다. 이와 함께 며칠 간 조깅을 잘 했다고 하더라도 꾸준히 유지하기가 힘들다. 작심삼일이라는 말이 괜히 있는 게 아니다. 하루 이틀 조깅을 빼먹다가 어느 새 조깅을 하지 않는 자신을 발견하게 된다.

그러면 어떻게 하면 조깅을 인내력을 갖고 지속할 수 있을까? 이를 위해 필요한 것이 바로 꿈이다. 선명한 꿈이 있다면, 달리다가 지쳐서 포기하고 싶은 마음, 오늘 하루 건너뛰고 싶은 마음을 극복할 인내력이 생긴다. 따라서 다이어트를 위해 조깅을 시작한 분은 5kg을 감량하여 날씬한 몸매를 갖겠다는 꿈, 나에게 딱 맞는 예쁜 옷을 입은 자신을 사람들이 호감 있게 바라봐 줄 것이라는 생생한 꿈을 가슴에 품어야한다. 이렇게 할 때 그 꿈이 조깅을 단기적으로, 그리고 장기적으로 지속하게 하는 인내력을 강화한다.

'멘탈 갑, 인내력 갑'하면 빼놓을 수 없는 또 한 명의 세계적인 스포츠 선수가 있다. 바로, 피겨스케이트 선수 김연아다. 그녀는 피겨의 불모지인 우리나라에서 피겨 선수를 시작했다. 마음껏 연습할 전용 연습장이 없어서 손님이 없는 10시에서 새벽 1시까지 훈련을 해야 했다. 더욱이 집안 사정이 좋지 않았다. 아버지가 사업에 실패하여 제대로 된 스케이트 하나 살 형편이 되지 못했다. 이 정도가 되면, 웬만한 선수는 운동을 그만두기로 자기 합리화한다.

김연아는 달랐다. 수많은 악조건에서도 엄청난 훈련에 매진했다. 이렇게 실력을 끌어올린 그녀는 연이어 세계 대회를 제패하다니 마침내 올림픽 금메달을 목에 걸었다. 2010년 밴쿠버 올림픽 결승전을 빼놓을 수 없다. 상대 선수는 라이벌이자 강력한 우승 후보 아사다 마오였다. 전문가들은 아사다 마오의 우승을 점치고 있었다. 하지만 아사마 마오는 실수를 하다가 결국 멘탈이 흔들린 탓에 큰 실점을 하고 말았다. 이에 반해 김연아는 요동이 없었다. 강심장이라는 소리를 들을 정도로 그녀는 큰 경기에서 아무렇지도 않다는 듯이 평소처럼 자신의 기량을 마음껏 뽐냈다. 이렇게 해서 그녀는 금메달을 따냈다.

김연아의 강심장은 곧 강한 인내력이다. 그 인내력이 밑바탕이 되었기에 훈련하기 힘든 악조건을 이겨냈다. 그리고 결승전에서 침착하게 자신의 실력을 선보일 수 있었다. 그렇다면 김연아의 인내력은 어떻게 길러졌을까? 앞서 말한 그대로다. 자신이 이 힘든 고통을 이겨 내면 원하는 것을 이룰 수 있을 것이라는 꿈이다. 그녀는 어릴 때부터 이 말을 입버릇처럼 했다.

"미쉘 콴 같은 선수가 되겠어요."

이는 그의 어머니 박미희씨의 『아이의 재능에 꿈의 날개를 달아라』에서 밝히고 있는 내용이다.

여느 스포츠와 마찬가지로 골프도 인내력이 요구된다. 인내력이 우승과 패배의 차이를 만드는 결정적인 하이멘탈이다. 인내력을 키우려면 어떻게 할까? 그렇다. 꿈을 세우고 상상하라. 그 꿈이 고된 훈련에 매진하게 만들며, 경기에서 침착하게 자신의 역량을 온전히 발휘하게 만든다.

02

실패에 대한
회복탄력성을 키워라

2012년 4월 2일 LPGA 메이저 대회인 나비스코 챔피언십 최종 라운드. 당시, 김인경 선수는 우승까지 30cm 파 퍼팅 하나만을 남기고 있었다. 이것이 실패할 가능성은 희박했다. 하지만 그 30cm 퍼팅이 거짓말처럼 들어가지 않았다. 왼손으로 입을 막은 김인경 선수는 얼어붙은 듯 한참을 움직이지 못했다. 충격을 이기지 못한 그녀는 결국 연장전에 끌려가 유선영 선수에게 우승컵을 내줬다.

골프를 하는 분들이라면 이 시합의 상황을 잘 알 것이다. 30cm 퍼팅은 웬만한 아마추어 선수들도 OK 거리(concede)라 불릴 정도로 쉽게 넣을 수 있는 거리이다. 그런데 당시 컨디션이 최고였던 김인경 선수의 퍼팅 미스는 화면을 보는 시청자들까지 얼어붙게 만들었다.

김인경 선수에게 어떤 문제가 있었던 걸까? 이는 체력적인 문제로 보기에는 너무나 큰 실수였다. 그랬기 때문에 이날 이후 이 실수가 김인경 선수에게 심리적 트라우마가 되는 듯했다. 그녀는 긴 슬럼프에 빠진 듯 보였다.

이로부터 5년 흐른 2017년, 그녀의 나이 29살이었다. 그녀는 5년 전에 놓쳤던 메이저대회보다 큰 브리티시 여자오픈에서 최종 18언더파로 우승했다. 이로써 2007년 LPGA투어에 데뷔한 김인경은 46번째 메이저대회에서 정상 등극에 성공했다. 그녀에게는 실패의 커다란 아픔과 트라우마가 있었을 것이라고 짐작할 수 있다. 하지만 그녀는 끝끝내 실패에 대한 악몽을 떨쳐내고 우승 트로피를 들어올렸다.

김인경 선수는 말했다.

"우리는 자신에게 편견을 많이 가지고 있다. 그러나 나는 때로는 스스로를 위해 자신에게 친절해야 한다고 생각한다. 우리는 누구나 실수할 수 있다. 나는 과거의 실수에 집착하는 대신 그 실수가 인생에 더 긍정적인 영향을 주기를 희망한다. 당신이 그 점을 이해한다면 지금 이 순간이 더 특별하다."

골프 황제, 타이거 우즈 또한 실패 극복으로 유명하다. 그는 2008년 이후 스캔들과 함께 심각한 부상으로 10년 넘게 슬럼프에 빠졌다. 그를 사랑하는 많은 사람들이 '골프 황제 타이거 우즈는 이제 어떻게 될까? 투어에서 다시 볼 수 있을까?'라고 생각했다. 그가 제 기량을 발휘하지 못한 가장 큰 이유는 심한 부상으로 인한 6번의 수술 때문이었다. 그는 예전의 몸 상태로 회복할 수 없었다.

2017년 마스터스 대화에 참가했던 그는 심한 허리 부상으로 인해 자포자기 심정이 되어 이런 고백을 털어놓았다.

"더 이상 선수생활을 할 수 있을지 모르겠다."

이후, 2년이 흘렀다. 놀라운 일이 벌어졌다. 그가 2019년 PGA 투어 시즌 메이저대회 마스터스 최종 라운드에서 우승을 했다. 그의 나이 44세였다. 그동안의 실패를 보기 좋게 극복하여, 화려하게 필드로 부활했다.

당신은 실패의 상황이 닥쳤을 때 어떻게 대처하는가? 사람들은 3가지 유형을 보인다.

- **퀴터**(quitter: 포기하는 자)
- **캠퍼**(camper: 안주하는 자)
- **클라이머**(climber: 극복하는 자)

이 가운데에서 성공하는 사람이 누구인지는 자명하다. 포기하거나 안주해서는 절대 원하는 것을 얻을 수 없다. 성공하기 위해서는 극복해야한다. 바로, 이 끈질긴 인내심으로 극복하는 능력을 역경지수(AQ: Adversity Quotient)라고 한다. 이는 '수많은 역경에도 굴복하지 않고 끝까지 도전해 목표를 성취하는 능력'을 의미한다. 지능지수(IQ)와 감성지수(EQ)처럼 지수화한 것이 역경지수(AQ)다.

이 이론은 영국의 커뮤니케이션 이론가 폴 스톨츠(Paul G. Stoltz)가 처음으로 주장했다. 그에 따르면 IQ(지능지수), EQ(감성지수)보다 AQ(역경지수)가 높은 사람이 성공하는 시대가 될 것이라고 했다.

이시형 정신과 의사 역시 성공의 요소로서 역경지수(AQ)를 강조하고 있다. 그는 역경 지수가 높은 사람들의 특징을 이렇게 소개한다.

"첫째, 지금의 역경이나 실패 때문에 다른 사람을 비난하지 않는다. 둘째, 자신을 비난하지도 않는다. 셋째, 지금 이 문제가 언젠가 끝난다는 것과 충분히 헤쳐 나갈 수 있다는 것을 안다. 이러한 역경지수는 실패를 많이 한 사람일수록 높다."

그렇다고 맹목적으로 실패를 많이 한다고 좋은 게 아니라고 한다. 실패의 원인에 대한 자기반성을 통해, 실패에서 배움을 얻어야한다. 이와 함께 실력을 연마해야한다. 이렇게 할 때 역경지수가 높아져서 성공의 발판이 될 수 있는 것이다.

이러한 역경지수는 친숙한 용어인 회복탄력성(resilience)과 통한다. 이 용어는 '크고 작은 다양한 역경과 시련과 실패에 대한 인식을 도약의 발판으로 삼아 더 높이 뛰어 오르는 마음의 근력'을 뜻한다. 축구공, 배구공, 골프공을 바닥에 떨어뜨려보면 되튀어 오르는 힘이 같지 않다. 탄성이 강한 공이 밑바닥에 떨어졌다가 더 높이 뛰어오른다. 이때 회복탄력성이 강할수록 더 높은 위치로 뛰어오른다. 역경지수의 의미와 같다.

회복탄력성을 높이려면 어떻게 해야 할까? 『회복탄력성』의 저자 김주환 교수는 말한다.

"회복탄력성이 높은 사람들은 스스로의 실수에 관대하고, 과감하고 도전적이다. 자신의 실수에 대해 예민하게 반응하되, 실수를 두려워하지 않는 것이 긍정적인 뇌의 특징이다."

스스로의 실수에 관대하고, 과감하고 도전적이어야 한다. 그리고 실수에 예민하게 반응하되, 실수를 두려워하지 않는 긍정적인 마음을 가져야한다. 이렇게 할 때 인내심을 갖고 실패를 극복해 더 높이 뛰어오른다. 김인경 선수, 타이거 우즈가 그런 것처럼 말이다.

골프 경기가 열리는 코스에는 크고 작은 장애물이 있다. 대표적으로 해저드, 모래벙커, 러프가 그것이다. 프로도 이 장애물에 발목이 잡힌 실패의 경험을 가지고 있다. 그리고 현재도 그들은 그런 실패를 하곤 한다. 그런데 프로는 그 실패를 통해 인내하면서 배움을 얻고, 더 높이 비상한다. 결국, 프로의 성공은 실패와 비례한다. 실패에 대한 강한 회복탄력성을 가지고 있기 때문이다. 문제가 있는 것이 문제가 아니라 문제를 해결할 대안이 없는 것이 문제다.

03
체계적인 노력으로
인내력을 아껴라

"거기 골프아카데미죠? 레슨 받고 연습을 좀 많이 하고 싶은데 가능한가요?"

"네, 가능하세요. 그런데 혹시 연습을 많이 안 해도 실력을 늘려드릴 수 있다면 어떠세요?"

"그런 게 어딨어요? 골프는 몸에 익혀야 하잖아요."

"네, 맞습니다. 몸에 익히는 데는 방법이 있습니다. 그 방법대로 하시는 걸 매뉴얼이라고 합니다. 근데 고객님은 매뉴얼을 모르기 때문에 막연히 연습을 하다보면 늘지 않을까?라고 생각하시는 거잖아요."

"그렇죠."

"저희 아카데미는 체계적인 방법을 가르쳐드려서 한번 배우면 또 배우지 않으셔도 됩니다."

이는 대부분의 고객들과의 상담 내용이다. 고객과의 상담은 거의 이와 유사하게 진행된다. 그런데 딱 한 가지 다른 것이 있다. 내가 연습을 많이 안 해도 실력을 늘려드릴 수 있다고 했을 때 나오는 고객의 반응이다. "그런 게 어딨어요?"와 "그런 게 있어요?" 두 가지다. 위에서처럼 "그런 게 어딨어요?"라고 생각하는 분들은 잘 인연이 되질 않는다. 반면에 "그런 게 있어요?"라고 하는 분들은 나에게서 쉽게 골프를 배운다.

어떻게 해서 이게 가능한지 의아해 할 분이 있을 줄 안다. 골프 초보자들은 어김없이 레슨을 받고 많이 연습을 해야 실력이 늘 수 있다고 생각한다. 그런데 한번 배우면 또 배우지 않아도 된다니 그게 가능할까? 앞서 말했듯이, 그게 가능하다. 그 이유는 바로 매뉴얼을 익혀서 체계적으로 연습을 하기 때문이다. 그래서 한번 그 매뉴얼을 숙지하면 또 배우지 않아도 된다.

어느 분야에서나 성공을 향해 수많은 사람들이 몰려든다. 골프를 비롯한 각종 스포츠, 그리고 수능과 공무원 시험 같은 다양한 시험, 근육질 몸매를 만드는 피트니스 등이 있다. 이 분야에서 수많은 사람들이 엄청난 인내력이 요구되는 노력을 꾸준히 한다. 그런데 잘 아시다시피 여기에서 소위 성공하는 사람들은 극소수에 불과하다. 그 이유가 뭘까?

단지, 열심히 노력한다고 해서 성공하지 못하기 때문이다. 공무원 시험만 보더라도 어느 누구 하나 열심히 하지 않는 사람이 없다.

다들 잠자는 시간까지 아끼면서 공부에 매달린다. 이 과정에서 상상을 초월하는 인내력을 발휘한다. 그런데 소수의 사람만이 합격의 영광을 맛본다. 여기에서 보듯, 합격이라는 성공을 하기 위해서는 단지 열심히 노력한다고 해서 가능하지 않다는 것을 확인할 수 있다.

여러 분야에 걸쳐, 막연한 노력의 양이 성공을 보장해주지 못한다. 성공하기 위해서는 바로 체계적인 노력의 질이 필요하다. 효율적이며 생산적인 학습 매뉴얼에 따라 노력하는 것이 중요하다. 이렇게 할 때, 쓸데없이 시간을 허비하지 않으며, 단시간에 원하는 목적을 달성할 수 있다.

나는 오랫동안 골프 레슨을 지도해왔다. 수많은 고객들의 골프 실력을 높여드렸다. 이 과정에서 내가 경험적으로 발견한 것이 있다. 내가 다른 사람에 비해 빠르게 골프 실력을 향상시킨 것처럼, 나의 골프 레슨 지도를 받은 고객들이 빠르게 골프 실력이 늘었다는 점이다. 그 이유는 막연히 연습을 많이 했기 때문이 아니었다. 골프 실력 향상에 무엇보다 중요한 것은 매뉴얼에 따른 체계적인 노력(학습)이었다. 이렇게 해서 사람들이 골프에 바치는 노력(학습)을 4단계로 나눌 수 있었다.

이것은 다양한 분야에서 성공이라는 목표를 향해 인내하면서 발휘되는 노력(학습)에 모두 적용이 되었다. 운동, 시험공부, 피트니스 등 모두 그렇다. 이 4단계는 다음의 도형과 같다. 이 도형이 '성공을 위한 노력의 4단계'이다. 밑에서부터 위로 살펴보자.

1단계: 노력할 의욕 없음

이는 동기부여가 안 된 단계이다. "내가 왜 해?"라면서 어떤 일을 해야 할 이유를 찾지 못하기 때문에, 어떤 노력도 자발적으로 하지 못하는 상태이다. 동기부여가 필요한 단계이다.

2단계: 막연한 노력(열심히)

이는 스스로 동기부여가 되어 있거나 호기심에서 열심히 노력하는 단계이다. 이 단계에서는 그냥 열심히 하다 보니 잘 되는 경우가 있다. 이때, 스스로 매뉴얼을 찾게 되어 그 윗단계(2단계)로 올라갈 수 있다. 하지만 열심히 했는데 좋은 결과가 나오질 않을 경우 다시 아랫단계(1단계)로 내려가서 노력을 포기하게 된다.

3단계: 체계적인 노력(제대로)

이는 일명 게으른 천재라 부를 수 있다. 이들은 매뉴얼을 발견한 후 그에 따라 체계적으로 노력하는 단계를 반복한다. 노력의 양이 중요한 게 아니라 노력의 질이 중요하다. 많은 양의 노력을 했다고 반드시 성공이 보장하지 않는다. 적은 양의 노력으로도 매뉴얼을 습득하면 성공 확률이 높다.

만약 당신이 많은 노력을 기울였음에도 원하는 결과가 나오지 않는다면 좀 더 제대로 된 과정을 거치기 위해 스승이나 선생을 찾아야 한다. 그래서 우리는 그들에게 대가를 지불하는 것이다. 그들은 시행착오를 이미 거친 후 불필요한 과정을 생략하게 도와준다. 프로는 더하기가 아닌 빼기이다.

4단계: 제대로 열심히 노력

이는 3단계에서 성공의 매뉴얼 곧 원리를 파악한 사람들이 하는 노력의 가장 윗단계이다. 이쯤 되면 상위 1% 프로의 반열에 올라 선 것이다. 열심히 노력하는 사람은 제대로 노력하는 사람을 이길 수 없고, 제대로 노력하는 사람은 제대로 열심히 노력하는 사람을 이길 수 없다. 이것이 잘 나가는 프로들의 공통점이다.

골프에서는 대부분의 프로 지망생과 프로 선수들이 참고 또 참으면서 피나는 노력을 한다. 그런데 과연 노력의 양으로만 세계적인 프로가 될 수 있을까? 절대 그렇지 않다. 과거 우리나라의 골프계에는 체계적인 골프 매뉴얼이 별로 없었다. 그래서 골퍼들이 무식하게 많은 연습량을 늘려갔다. 나 또한 그럴 수밖에 없었다. 매뉴얼이 없을 때는 그게 유일한 방법이기도 하다. 그 노력이 하늘을 감동시켰는지, 골프의 변방인 우리나라 선수가 세계 메이저 대회 우승을 하는 쾌거를 이루어냈다.

노력의 양으로 대표적인 우리나라 선수가 바로 제주도 출신의 양용은 프로다. 그는 건설현장에서 일을 하다 무릎을 다친 후 골프연습장에서 볼을 줍던 20살 청년이었다. 가정 형편이 못되어 골프를 어깨너머 독학으로 배웠다. 그는 조명시설도 갖춰지지 않은 연습장에서 새벽까지 라이트를 끌어다 놓고 엄청난 인내력으로 연습에 매진했다. 그에게는 체계적인 골프 매뉴얼이 거의 없었다.

하지만 지금은 다르다. 이제 우리나라 골프계에는 세계적인 골프기술을 바탕으로 한 체계적인 골프 매뉴얼이 있다. 무식하게 노력을 할 필요가 없다. 그렇게 노력의 양을 늘려가는 것은 인내력을 허비하는 행동일 뿐이다. 이제는 효율적으로 골프 매뉴얼에 따라 연습을 하기만 하면 된다.

노력도 전략이 필요하다. 잘 나가는 상위 1% 프로들은 노력의 시간을 최소화하는 방법을 알고 있다. 그래서 때로는 게으른 천재처럼 보이기도 한다. 그런데 골프 초보자들은 처음부터 체계적인 방법으로 연습을 하는 것이 어려운 일이다. 골프 초보인 당신이 체계적인 노력을 하고 싶다면 어떻게 해야 할까? 체계적인 방법을 알고 있는

지도자를 찾아가서 배우면 된다.

단순히 많은 노력의 양으로 인내력을 축내지 말자. 이제는 체계적인 방법으로 노력함으로써 효율적으로 참아내도록 하자. 우리는 여행을 가더라도 가이드로부터 그날의 계획을 안내 받고 여행을 즐긴다. 골프도 예외는 아니다. 당신이 선택하는 코치가 당신의 골프 여정을 어떻게 안내할 수 있는지 확인해 볼 필요가 있다. 만약 체계적인 코치라면 당신의 골프 여정을 흥미롭게 도와줄 것이다.

04
불굴의 근성,
끈기가 재능을 이긴다

고진영은 박세리, 박인비의 계보를 잇는 세계 최고의 프로골퍼다. 그녀는 2019년 LPGA 투어에서 올해의 선수상, 상금왕, 최저타수상 등 전관왕에 오르며 세계 1위에 올랐다. 특히, 올해의 선수상은 LPGA 통산 25승을 거둔 박세리 선수도 받지 못한 것이다. 그녀의 성취는 다음해 2020년에도 이어졌고, 세계 랭킹 1위를 유지했다. 이러한 고진영의 성과는 가히 세계 최고가 아닐 수 없다.

그녀에 대해 잘 모르는 분들이라면 이런 소리를 할지 모르겠다.

"세상에나 고진영 선수는 천재구나. 어릴 때부터 싹이 달랐을 것이 분명해."

"그녀는 보통 선수와 다른 특별한 재능을 타고 났을 거라구."

과연 그럴까? 그녀는 결코 천재가 아니다. 그녀는 어릴 때부터 골프 연습을 쉬면서 보낸 추석이 손에 꼽을 만큼 적을 정도로 많은 연습을 했다. 추석 때는 아버지가 이른 시간에 연습장에 데려가서 평소처럼 연습을 시켰다고 한다. 이렇게 엄청난 노력을 해서 국내 정상급으로 실력을 끌어올렸다.

하지만 그녀는 한국여자골프에서 1인자가 되지 못했다. 신인 때는 백규정, 2년차 때는 전인지, 3년차 때는 박성현에게 밀렸다. KLPA 통산 10승을 거뒀지만, 시즌을 대표하는 선수로 꼽히지 못했다. 그녀는 사실상 2인자 정도에 머물렀다.

그렇지만 그녀는 기가 꺾이거나 1인자가 되기 위한 노력을 포기하지 않았다. 결국, 그녀는 꿈의 무대 2014년 LPGA에서 크게 일을 저질렀다. 데뷔하는 해에 우승과 함께 신인상을 수상했다. 국내에서 1인자가 되지 못했던 그녀가 오히려 메이저 대회에서 당당히 1인자로 등극한 것이다. 그녀는 포기하지 않는 불굴의 근성, 끈기를 갖고 노력을 한 끝에 세계 정상이 되었다. 그녀는 이렇게 말한다.

"비록 KLPGA투어에서 1인자에 오르지는 못했어도 힘든 줄 모르고 골프를 했다. 끈기 있게 버티고 이겨낸 덕분에 LPGA 무대에 도전할 수 있었다. 한국 투어에서 단련된 힘들이 미국 투어 생활을 하는 데 큰 도움이 됐다."

현재의 고진영을 만든 것은 타고난 재능이 아니라 끈기 있는 노력이다. 이처럼 프로 골퍼들 가운데 끈기 있는 노력으로 성공한 경우가 많다. 우리나라의 유명한 프로골퍼 가운데 대표적으로 박세리, 박인비, 최경주 또한 그렇다. 이들의 성공을 이끈 것은 어릴 때부터 남다른 천재적 재능이 아니다. 이들을 정상급 프로 선수로 만든 것은 바로 불굴의 근성, 끈기다. 지치지 않고, 포기하지 않고 앞으로 나가는 불굴의 근성 곧 끈기다.

바로 이 불굴의 근성, 끈기가 펜실베이니아 대학교의 심리학자 앤절라 더크워스가 말하는 그릿(Grit)이다. 앤절라 더크워스에 따르면, '열정적 끈기'를 뜻하는 그릿이 다양한 분야에서의 성공 비결이라고 한다. 결코 재능이 성공 비결이 될 수 없다고 한다. 앤절라 더크워스는 『IQ, 재능, 환경을 뛰어넘는 열정적 끈기의 힘 GRIT』에서 말했다.

"요컨대 분야에 상관없이 대단히 성공한 사람들은 굳건한 결의를 보였고 이는 두 가지 특성으로 나타났다. 첫째, 그들은 대단히 회복력이 강하고 근면했다. 둘째, 자신이 원하는 바가 무엇인지 매우 깊이 이해하고 있었다. 그들은 결단력이 있을 뿐 아니라 나아갈 방향도 알고 있었다. 성공한 사람들이 가진 특별한 점은 열정과 결합된 끈기였다. 한 마디로 그들에게는 그릿(grit)이 있었다."

그렇다면 불굴의 근성, 끈기를 어떻게 하면 발달시킬 수 있을까? 앤절라 더크워스가 주장하는 그릿을 발달시키는 요령을 참고하면 된다. 그녀에 따르면 다음의 4가지 방법이 그릿을 발달시킨다고 한다.

첫째, 관심사를 분명히 하라.

어느 분야나 똑같다. 공부, 예술, 스포츠 모든 분야에서 열정적으로 노력을 하려면 먼저 자신이 관심을 가져야한다. 수학에 관심과 흥미가 생기면, 문제가 해결될 때까지 몰입할 수 있다. 골프도 그렇다. 프로 선수들은 골프에 관심과 흥미가 있었다. 그렇기 때문에 수많은 포기의 유혹을 이겨내고 지치지 않고 노력했다.

둘째, 질적으로 다른 연습을 하라.

앞서 언급했듯이 양적인 노력보다 질적인 노력이 중요하다. 이를 위해, 전문가의 코칭을 통해 체계적인 매뉴얼을 전수받아야한다. 이와 함께 보다 과학적인 연습이 되려면 다음 네 가지가 요구된다.

- 명료하게 진술된 도전적인 목표
- 완벽한 집중과 노력
- 즉각적이고 유용한 피드백
- 반성과 개선을 동반한 반복

셋째, 높은 목적의식을 가져라.

높은 목표가 인내하게 한다. 이때 목표가 단지 자신을 위한 것에 그치지 않고 사회에 기여하는 것일수록 좋다. 그리고 높은 목표를 위해 자신의 일에 작지만 의미 있는 변화를 주어 자신의 핵심가치와 연관성을 늘리는 것이 좋다. 마지막으로 롤 모델을 찾아가 조언을 구하는 것이 높은 목적의식을 갖는데 도움이 된다.

넷째, 다시 일어서는 자세, 희망을 품어라.

희망적인 사고는 타고나는 게 아니다. 연습을 통해 배울 수 있다. 희망적인 자세를 갖기 위해서는 긍정적인 사고를 가지고 낙관적인 자기 대화를 하는 게 좋다. 예를 들면 이렇다.

"아직 안되는구나. 하지만 아직 포기하기에는 일러."

"결과가 안 좋은데 어떻게 하면 좋은지 해법을 찾아보자."

농구 황제 마이클 조던 역시 천재가 아니다. 그는 "내가 성공한 이유는 수없이 실패했기 때문이다"라고 했다. 이처럼 그는 포기 하지 않고 끈기 있게 연습을 한 끝에 세계 최고의 농구 선수가 되었다. 그릿을 발달시키는 요령에 따라 잘 실천하자. 이렇게 할 때 천재를 이기는 불굴의 근성, 끈기를 가질 수 있다.

05
존버가 끝끝내 승리한다

1972년 스탠포드 대학교 교수 월터 미셸과 연구진은 '즉각적인 유혹을 견디는 학습에 대한 연구'를 진행했다. 이때, 3~5세 아이들을 관찰하는 실험을 했다. 월터 미셸은 아이들에게 마시멜로를 나눠주면서 말했다.

"언제든 원할 때 먹을 수 있어요. 하지만 15분 후 내가 돌아올 때까지 먹지 않으면 마시멜로를 한 개 더 얻을 수 있어요."

이 실험에서 일부 아이들은 참지 못하고 마시멜로를 먹어버렸다. 이와 반면에 일부 아이들은 끝까지 참아내어 유혹을 이겨냈다. 이 두 부류의 아이들은 얼핏 큰 차이가 없어 보인다. 그 나이 때에 아이들은 15분 정도 참아 내거나, 참지 못하거나 다 비슷해 보인다. 하지만 그 차이는 엄청난 결과를 가져왔다.

스탠포드 연구진은 이 실험에 참여했던 아이들을 15년 뒤에 만났다. 마시멜로 실험에서 기다리지 못하고 바로 먹어치운 아이들은 약물중독, 사회부적응을 겪는 경우가 많았다. 이와 달리 15분이라는 시간을 끝까지 기다린 아이들은 빨리 마시멜로를 먹어치운 아이들보다 SAT(미국의 대학수학능력시험)에서 210점이나 높은 점수를 받았다. 그리고 성장하는 과정에서 친구들에게 인기가 있었고 선생님으로부터 인정을 받았다. 이와 함께 경제적 수입이 훨씬 많았다.

이것이 유명한 '마시멜로 실험'이다. 이 실험의 결론은 이렇다. 자기 절제력 곧 인내력이 곧 성공적인 삶의 열쇠라는 것이다. 인내력이 부족하면 갖은 유혹에 무너져서, 성공적인 삶을 이어갈 수 없다는 것이다.

운동에서도 인내력이 몹시 중요하다. 세계 최초 히말라야 8,000미터 16좌 등정의 쾌거를 이룬 엄홍길 산악인. 그는 산을 오를 때 필요했던 한계 극복의 힘은 삶을 살아가는 데 필요한 지구력과 다르지 않다고 했다. 이 한계 극복의 힘 그리고 지구력이 곧 인내력과 통한다. 그는 말한다.

"히말라야에 오르는 매 순간이 한계에 대한 도전이었지만 가장 힘들었던 순간은 안나푸르나 그 자체였다. 아끼는 동료를 세 명이나 잃었고 네 번째 등정에서는 발이 부러졌다. 의사는 걷는 것도 쉽지 않을 거라 했지만 끊임없는 재활훈련 끝에 다시 도전했고 마침내 성공했다. 극한 추위와 고통은 괴로웠으나 어려움을 이겨내고 고난의 시간을 견뎌냈을 때 결국 나 자신의 한계를 초월할 수 있다는 것을 배웠다."

이를 비롯해 모든 운동에는 인내력이 요구된다. 골프에서도 프로의 핵심적인 하이멘탈 인내력이 중요하다. 앞서, 유명한 프로골퍼의 인내력에 대해서는 이미 소개했다. 여기서는 내 이야기를 하고자 한다. 우선, 골프 코치로 활동하는 나의 대표적인 경력을 소개한다.

- 세종대학교 관광경영대학원 레저스포츠경영학과 졸업
- 호서대학교 사회체육학과 골프전공
- USGTF 미국골프지도자 정회원
- KGFA 한국골프피팅협회 부산 지회장
- KGFA 한국골프피팅협회 프로피팅마스터
- KGFA 한국골프피팅협회 클럽피팅마스터
- SGA 스포츠한국골프지도자연맹 홍보분과위원장
- 前 황형철골프아카데미 대표
- 前 최경주재단(KJ Choi Foundation) 레슨 & 클럽 피팅 담당코치
- 前 사이언스골프 피팅센터 피팅실장
- 前 로얄콜렉션 골프클럽 피팅실장
- 前 삼성계열 컨트리클럽 캐디교육 담당
- 용인대학교 골프학과 클럽피팅 강사
- 한국골프대학교 골프학과 클럽피팅 강사
- 국제대학 골프매니지먼트학과 클럽피팅 강사

- KPGA, KLPGA 소속 투어프로 및 정회원 일부 스윙분석 담당

이는 25년여 동안 골프에 매진한 끝에 얻어진 것이다. 참고로, 위의 경력 가운데 CBS 프로피팅마스터에 대해 부연 설명해드린다. 이는 세 가지 분야를 마스터한 전문가이다. 세 분야는 이렇다. 선수의 특성에 맞는 클럽을 제작하는 Club Fitting, 각각의 선수의 체형에 맞는 근육 발달과 멘탈 트레이닝 그리고 영양 관리까지 지도하는 Body Fitting, 과학적이고 진보된 스윙분석 프로그램을 통하며 선수의 스윙을 향상 시키는 Swing Fitting. 이런 탁월한 경력을 토대로, 연합뉴스 TV 생방송 '골프전문코치의 길'에 출연하기도 했다. 나름 골프 코치 분야에서 일가를 이루었다고 본다. 이런 외형적인 면을 보면, 다들 이렇게 생각할지 모르겠다.

"황 코치님은 원래 골프를 잘 하셨나보네요."

"시작할 때부터 두각을 나타내셨으니 오랫동안 한길을 걸어오셨군요."

실제로는 전혀 그렇지 않다. 결론부터 말하면, 나는 골프 재능이 현격히 떨어졌던 부류였다. 골프를 시작한 대학 동기 10명 사이에서 실력이 늘 중하위권을 맴돌았다. 아무리 손바닥이 까질 정도로 연습을 해도 결코 3등 이상 올라가지 못했다. 그래서 고민이 많았다. 잘하는 동기들은 일정 시간 연습만 해도 실력이 유지되었다.

시간이 흘러 동기들을 만나자 골프 순위의 대반전이 일어났다. 당연히 내가 골프를 가장 잘하는 사람이 된 것이다. 이유는 간단했다.

골프를 하는 사람은 내가 유일하기 때문이다. 나보다 골프를 잘 했던 동기들은 모두 중도 포기를 하고, 다른 직업을 가졌다. 포크레인 기사, 모델, 피트니스 트레이너, 자동차 세일즈 등의 길을 걸어갔다. 오직 나만 골프를 직업으로 하고 있었다.

그 이유가 뭘까? 나는 내가 재능이 부족하다는 것을 스스로 잘 알고 있었다. 그래서 골프를 잘 하기 위해, 많은 시간이 걸린다고 생각했다. 이렇게 해서 차근차근 성장하기로 결심했다. 너무 큰 목표를 세우면 쉽게 포기할 수 있었다. 그래서 나는 작은 목표 하나 하나를 이루어나가기로 했다. 이 과정에서 앞서 소개했던 경력 하나 하나가 추가된 것이다.

이때 골프 관련 최고의 권위자를 찾아가 열정페이로 일하며 미래를 위한 실력을 쌓기도 했다. 내 골프 실력을 한 단계씩 향상시키는 것에서 보람을 얻고 하루하루를 보냈다. 시간이 훌쩍 흘렀고, 30대초가 되었다. 배운 거라고는 오직 골프밖에 없었다. 골프에서 내 길을 찾는 수밖에 없었다. 결국, 처절한 인내 끝에 나는 골프 코치로서 인정을 받을 수 있었다. 현재 나는 많은 고객들의 골프 실력을 향상시켜주는 괄목한 성과를 내고 있다. 그래서 많은 고객들로부터 사랑받고 있다.

이처럼 현재 골프 코치로서 나를 만든 원동력은 바로 인내력이었다. 시작할 때부터 재능이 있거나 뛰어난 편이 아니었지만 25년여 동안 생계를 위협 받을 때마다 찾아오는 온갖 유혹을 물리치고, 인내하면서 골프 한 길만 걸어왔다. 그런 끝에 골프 코치로서 인정받을 수 있게 되었다.

KPGA, KLPGA에서 활동하는 수많은 선수들을 지켜봤다. 프로골퍼도 마찬가지다. 처음부터 두각을 나타내는 선수들은 중간에 성적이 잘 안 나올 때 포기하고 다른 직업으로 전향하는 경우가 종종 있다. 이와 달리 실력이 뒤쳐지지만, 묵묵히 참고 한 길을 걸어가는 선수가 나중에 크게 빛을 보는 경우가 있다. 나는 사람들에게 나의 성공 요소인 인내력을 말할 때, 요즘 말로 '존버'라고 한다. 엄청 힘든과정을 존나 버티기로 성공했다고 볼수 있다. 그렇다, 존버가 끝끝내 성공을 이루어낸다.

흥미로운 아마추어 골퍼의 통계

– 출처, 〈서울경제 골프매거진〉에서 전국 골프장의 캐디에게
설문조사한 자료

• • •

<1> 정확한 골프 룰 적용할 때, 아마추어 평균 스코어는?

1. 90대 타수 49.8%

2. 100타 이상 49.6%

3. 80대 타수 0.6%

4. 싱글 플레이어 0%

<2> 아마추어 골퍼의 평균 드라이버 거리는?

1. 남자 210야드

2. 여자 150야드

<3> 스코어를 가장 많이 잃는다고 생각하는 샷은?

1. 퍼트 51%

2. 드라이버샷 17.1%

3. 어프로치샷(웨지샷) 15%

4. 벙커샷 13.9%

5. 아이언샷 2%

6. 기타 1%

<4> 골퍼들이 가장 많이 하는 내기는?

1. 뽑기 48.6%

2. 스트로크 46%

3. 스킨스 4%

4. 라스베가스 1.4%

<5> 스트로크 내기에서 타당 금액이 가장 컸던 규모는?

1. 10만~40만원 49.5%

2. 100만원 이상 23.5%

3. 50만~90만원 16.4%

4. 기타 10.6%

PART 5

매너가
프로를
완성한다

01
프로를 프로답게 하는 힘, 도덕성

『부국의 조건』은 '어떤 나라들이 부국이 되었는가?'에 대해 다룬다. 그 원인이 자원인지, 사람인지, 제도인지에 대해 자세히 다루고 있다. 이 책의 결론은 '제도'이지만 제도를 지탱하는 힘이 리더의 도덕성이라고 말한다.

미국과 멕시코를 비교하면 두 나라는 땅 크기나 자원 등에서는 거의 차이가 없다. 그런데 미국은 세계 1위의 경제대국이지만, 멕시코는 손꼽히는 빈국이다. 멕시코는 카를로스 슬림을 비롯한 몇몇 재벌 기업들이 부와 산업을 독점하고 있으며, 정경유착을 통해 모든 개혁이나 통제를 무력화시키고 있다.

한마디로 멕시코의 정치는 부패했다. 이는 곧 지도자의 부패로 통한다. 지도자 곧 사람의 부패로 인해 멕시코는 미국 못지않은 경제대국으로서의 잠재력이 있었지만, 그렇게 되는 데 실패했다. 바로 도덕성의 상실 때문이다. 이와 달리, 미국은 리더의 도덕성이 뒷받침 되었기에 세계 경제를 리드하는 경제 대국이 될 수 있었다.

골프도 그렇다. 아무리 완벽한 프로의 조건을 갖추었어도 도덕성이 부족하면 정상에 오래 머물지 못하거나 오를 수 없다. 예상치 못한 위기가 닥쳐와 선수 생명에 큰 지장을 초래한다. 프로로서 오랫동안 경기를 뛰고, 프로로서 큰 대회 우승의 명예를 누리고, 팬들로부터 존경과 사랑을 받으려면 반드시 도덕성이 뒷받침되어야한다. 실제로 잘나가는 상위 1% 프로들은 어김없이 훌륭한 도덕성을 갖추고 있다. 주의해야 할 것은 완벽한 도덕성을 이야기 하는 것이 아니라는 점이다. 물이 너무 맑은 1급수는 오히려 물고기가 살 수 없듯이 내가 말하는 도덕성이란 3급수 이하가 되어서는 안 될 정도를 말한다.

2017년 4월 ANA 인스퍼레이션 대회. 당시, 한 여자 선수가 4라운드 12번 홀까지 3타 차 선두로 달리고 있었다. 하지만 전날 경기에서의 리플레이스 실수가 뒤늦게 밝혀졌고, 이로 인해 4벌타를 받고 우승을 놓쳤다. 그녀가 바로 렉시 톰슨(당시 22세 미국인)선수이다. 대회 우승 상금은 40만 5000달러(한화 4억 5000만원), 준우승 상금은 20만 달러(한화 2억 2200만원)였다.

그녀의 실수는 이렇다. 3라운드 당시 17번 홀에서 약 50cm의 짧은 퍼팅 시 자신의 볼을 마크한 후 다시 볼을 놓는 과정에서 마크(자신의 볼 위치를 볼 대신 표시하는 동전 같은 것)를 잘못 두어 오소플레이(Play in wrong Place: 공의 원 위치가 아닌 곳에 놓는 행위)를 한 것이다.

골프 규칙에 따르면, 오소플레이(제20조 7항)를 하면 2벌타, 잘못된 스코어 제출(제6조 6항)을 하면 2벌타를 받는다. 따라서 그녀는 총 4벌타를 받게 된 셈이다. 렉시 톰슨 선수는 이로써 단 한 번의 실수로 인해 우승을 유소연 선수에게 내줘야 했고 우승 상금을 잃게 됐다. 그날 경기는 렉시 톰슨 선수에게 악몽 같은 대회로 남게 되었다.

문제는 여기서 그치지 않았다. 같은 해 9월 인디우먼인테크챔피언십(Indy Women in Tech Championship) 대회에서 렉시 톰슨 선수는 '꼼수' 논란에 휩싸였다. 비록 경기에서 우승은 했지만 물에 빠진 공이 문제였다.

당시, 경기 도중에 렉시 톰슨이 힘껏 휘둘러 친 공이 왼쪽으로 휘더니 물에 빠졌다. 현장에서는 "아~"라는 탄식이 흘러나왔다. 같은 상황에서 다시 티샷을 했던 다른 선수와는 달리 렉시 톰슨은 앞으로 걸어 나갔다. 그러곤 공이 빠졌다고 여긴 지점에서 새 공을 떨어뜨린 뒤 경기를 계속했다. 직전 샷 지점으로 돌아가거나, 워터 해저드의 뒤편에서 드롭 하도록 한 규정 중 후자를 택한 것이다. 하지만 톰슨은 원래 드롭 해야 하는 지점보다 더 앞에서 공을 떨어뜨렸다는 의심을 받았다. 톰슨은 이 홀을 보기(Bogey)로 막아내며 시즌 2번째 우승을 따냈다.

그 경기 소식을 전달하던 채널 A 리포터는 이렇게 말했다.

"분명히 약간 오해의 소지가 있습니다. 골프는 스스로 감시자가 돼야하는 거잖아요."

석연치 않은 톰슨의 플레이에 팬들의 비난이 쏟아졌다. 톰슨은 지난 4월 경기에서도 공을 마크한 지점에 놓지 않고 홀 쪽에 더 가깝게 놓았다는 이유로 4벌타를 받은 적이 있었다. 4월 경기의 경우 그냥 실수로 넘어갈 수 있었다. 하지만 연이어 9월 경기에서 비슷한 일이 생기자, 이는 실수가 아닌 꼼수이자 명백한 부도덕한 행위로 지탄받았다.

렉시 톰슨은 현지 팬으로부터 "Cheater(사기꾼)"이라는 비난을 받았다. 결국, 렉시 톰슨은 비도덕성 때문에 불명예스러운 시즌을 보내야 했다. 그녀는 프로이기 때문에 모범을 보여야했는데 그렇지 못했다. 프로의 본분을 망각하고 잘못된 선례를 남김으로써 선수 생명에 최대 위기를 겪게 되었다.

잘 나가는 프로들은 대중의 길잡이 역할을 하기 때문에 더 높은 도덕성을 요구받는다. 아마추어들이 쉽게 범하는 도덕적 실수를 프로가 하면 프로로서의 생명을 위협받는다. 최소한 적지 않은 기간 자숙을 해야 한다. 이는 잘 나가는 프로들에게 더 엄격한 도덕적 잣대가 적용되고 있음을 보여준다.

아놀드 파머, 잭 니클라우스와 같은 전설적인 골퍼들이 존경받는 이유는 바로 모범이 되는 도덕성 때문이다. 프로에 데뷔한 지 얼마 안 된 선수들은 훌륭한 골퍼가 되고 싶어 하지만, 진정한 골프의 길을 찾지 못하고 헤맬 때가 있다. 이때, 전설적인 선수의 모범적인 사례가 도움이 되며, 그것을 본받으면 된다.

특히, '골프 킹'이라 불리는 전설의 골퍼 아놀드 파머는 훌륭한 매너로 유명하다. 그는 한때 '가장 함께 라운드하고 싶은 선수 1위'에 선정되기도 했다. 팬들에게 많은 사랑을 받았던 그는 이렇게 말했다.

"내가 사람들을 즐겁게 해주기 때문이라고 생각한다. 나는 사람들과 이야기를 나눈다. 친선 골프 라운드에서 첫 번째 원칙은 플레이하는 동반자로 하여금 골프를 즐길 수 있도록 해주는 것이다. 좋은 샷이 나오면 칭찬을 한다. 골프 라운딩이 즐겁다고 느끼도록 하는 것이 중요하다."

아놀드 파머의 에티켓 10계명을 소개한다. 이를 참고해서, 신사의 스포츠 골프에서 도덕성을 잘 지켜나도록 하자. 매너, 예의는 하루아침에 만들어지지 않는다. 골프 클럽을 처음 손에 들기 시작하는 순간부터 에티켓을 지켜야한다는 것을 명심하자. 이 에티켓을 잘 준수할 때 프로의 보조적인 하이멘탈 매너가 강화된다.

◀ 아놀드 파머의 에티켓 10계명 ▶

첫째, 슬로우 플레이를 하지 말라.

자신의 플레이를 자주 평가하자. 너무 늑장을 부리면 안 되며 상대와 함께 일정한 보조를 맞춰야한다. 거북이 골프는 절대 금물이다.

둘째, 평정심을 유지하라.

아놀드 파머에게도 비매너의 경험이 있다. 17살 때 참가한 경기에서 짧은 퍼팅 실수를 한 후 갤러리를 향해 퍼터를 날려버렸다. 이날, 그는 아버지로부터 훈계를 들었고 이후 다시는 이런 일이 생기지 않았다.

셋째, 다른 사람의 시간을 존중하라.

시간은 누구에게나 중요하다. 따라서 골프 티 오프 타임에 앞서서 골프장에 나타나야 한다. 미리미리 준비해야한다.

넷째, 플레이 후에 그라운드를 수리하라.

샷을 하고 나면 잔디가 움푹 패이기 마련이다. 이를 원래대로 해 놓는 게 에티켓이다. 벙커 샷을 하고 나서도 모래를 평평하게 만들어 놓아야한다.

다섯째, 조용한 파트너가 돼라.

상대가 샷을 준비하는 동안 조용히 해야한다. 상대 선수가 온전히 제 실력을 발휘할 수 있도록 셋업에서 피니시까지 가만히 있어야한다. 침묵이 금이다.

여섯째, 골프 카트를 안 보이게 감춰라.

카트는 그린 근처에서 몰지 말아야하며, 되도록 눈에 띄지 않는 곳에 정차한다. 또한 앞 조와 만나지 않아야한다.

일곱째, 옷차림에 신경을 쓰자.

최고의 골퍼치고 옷차림이 허술한 경우가 없다. 스윙하고 나서 셔츠 자락이 빠져나오는 경우가 있지만 경기 내내 단정한 복장에 신경을 쓴다. 복장이 최고 골퍼를 더욱 빛내준다.

여덟째, 휴대전화를 끄라.

경기 중 간혹 스마트폰이 울리는 일이 있다. 이 소리가 상대 선수의 집중력에 방해가 되기에 반드시 소리가 나지 않도록 주의해야한다.

아홉째, 상대방을 항상 도와주라.

분실구를 함께 찾아주거나, 더 나아가 샷의 방향을 보고 분실구가 되지 않도록 알려줄 수 있다. 그린 가장자리에 내려놓은 클럽을 집어서 주는 것도 좋다.

열째, 소소한 에티켓을 숙지하자.

깃대를 조심스레 내려놓거나 그린에서 피치 마크, 스파이크 자국을 매끄럽게 다져놓으면서 상대를 배려하자. 이렇게 솔선수범한 에티켓은 열배로 되돌아온다.

02
겸손이 좋은 기량을
이끌어낸다

"힘을 빼세요. 힘을 빼셔야 합니다."

골프 레슨을 할 때, 골프 초보자들이 가장 많이 듣는 말 중의 하나다. 얼핏 힘을 빼는 게 쉬워 보인다. 하지만 그게 결코 쉬운 게 아니다. 힘을 빼기 위해서는 그 의미와 방법을 알아야한다. 힘을 뺀다는 말은 결과적으로 맞는 말이다. 하지만 힘을 뺀다는 것은 내가 가지고 있는 힘을 최소화하는 것이지 풍선 바람 빠지듯 계속 빼는 것이 아니다. 그렇다면 효과적으로 힘을 빼는 방법이 뭘까? 두 가지 방법이 있다.

첫 번째, 힘주는 법부터 배워라.

그립은 착용하는 것이다. 잡는다는 표현을 오랫동안 해왔지만 착용한다는 표현이 맞다. 이는 신발을 착용하지, 신발을 잡지 않는 것과 같다. 신발을 착용하면, 신발이 내 몸의 일부가 되어 착용한 이후엔 신경을 쓰지 않아도 걷는데 힘이 들어가지 않고 편안하다. 하지만 신발을 잡고 걷는다고 생각해 보자. 온통 신경이 발에 가 있어서 걷는 동안 힘이 들어간다. 이렇듯, 그립을 잡으면 스윙을 하는 순간 온몸에 힘이 들어가지 않을 수 없다.

따라서 마치 스키를 착용하고 설원을 누비듯 그립도 착용하는 법을 배워야 스윙하는 동안 불편하지 않고 힘을 뺄 수 있다. 한 가지 팁을 주자면 왼손 그립이 먼저 잘 착용되어야 오른손도 잘 착용된다. 꼭 그립이 없더라도 당신의 왼손 새끼손가락부터 검지 순서대로 접어보자. 이것이 착용의 순서인데, 손가락 전체가 동시에 그립을 잡는다. 그러므로 그립은 새끼손가락부터 힘이 가야하고 검지와 엄지 쪽으로 갈수록 힘이 덜 간다. 이렇게 하면 불필요한 힘을 사용하지 않고 다른 곳에 힘을 뺄 수 있게 된다.

두 번째, 근력이 아닌 유연한 관절을 이용하라.

번개처럼 달리는 우사인 볼트의 상하체 근력을 보면 어마어마하다. 달리기에 필요한 많은 근육들이 발달되어 있다. 그 근력을 이용해 달리는 순간 많은 관절들이 부드럽게 움직일 때 최고의 스피드를 낼 수 있다. 즉, 근육은 강해야 하고 관절은 부드러워야 한다.

간단하게 생각해서 당신이 주먹을 꽉 쥐고 유연한 팔꿈치 관절을 이용해 충격을 받을 수 있는 쿠션을 힘껏 내리쳐보라. 그렇다면 강한 힘을 전달할 수 있다는 걸 알 수 있다. 하지만 근육에 힘을 빼고 조금

전과 같은 방식으로 쿠션을 힘껏 내리쳐보라. 아마 조금 전 주먹을 꽉 쥐고 내리치는 것만큼 파워를 전달하지 못한다는 걸 알게 될 것이다. 근력은 강하고 관절은 유연해야한다. 이것이 힘을 빼는 원리 중 하나이다.

힘을 빼는 방법은 생각보다 쉬운 곳에 있다. 힘이 들어가야 할 곳에 필요한 만큼의 힘을 주었을 때, 힘이 빠지게 되어있다. 힘을 빼라는 말은 꼭 필요한 힘만 주고 나머지 힘을 빼라는 말이다. 힘을 줘야 할 곳에 힘을 사용하면 힘이 빠져야 할 곳은 자연스럽게 빠지게 되어있다. 골프는 강한 힘을 이용하는 스포츠가 아니다. 기본적으로 골프는 원심력으로 클럽을 휘둘러 공을 더 멀리, 원하는 방향으로 보내는 게임이다. 그렇기 때문에 힘의 원리를 이해하면 힘을 빼는 것은 생각보다 쉽다.

나는 주기적으로 골프장에서 18홀 라운드를 즐긴다. 이때, 가끔 지인의 소개로 낯선 분과 함께 내기 골프를 하는 경우가 있다. 지인에게서 소개받은 분의 골프 실력을 대충 전해 들어 알고 있다. 그분의 실력과 내 실력이 대동소이할 경우, 핸디캡을 주지 않고 골프를 하곤 한다. 그런데 자신의 골프 실력을 소개하는 낯선 분은 크게 두 가지 두 부류로 나뉜다.

A: "옛날엔 스코어가 꽤 좋은 편입니다. 비거리가 상당히 멀구요."

B: "아직 배우는 단계입니다. 한 수 배워볼까 합니다."

나는 이 말을 듣는 순간, 상대가 진정한 실력자인지, 하수인지를 판단할 수 있다. 물론 실제로 실력이 좋아서 A처럼 말하고, 실력이 떨어져서 B처럼 말하는 경우가 있다. 하지만 A처럼 자기 자랑을 할 때, 제 기량을 못 펴는 경우를 많이 봐왔다.

막상 경기가 시작되면, A는 주위 사람의 눈치를 본다. 자신에 대한 기대 수치가 있기 때문에 더욱 신경 써서 잘 하려고 노력한다. 이때 본의 아니게 몸에 힘이 들어가고 만다. 샷이 원하는 대로 잘 되지 않고, 종종 미스 샷을 하게 된다.

이와 반면에 B는 겸손한 자세로 치기 때문에 몸에 힘이 들어가지 않는다. 그래서 제 기량을 모두 발휘하게 되어 좋은 결과를 만들어 낸다.

골프뿐 아니라 모든 스포츠가 결국 몸에 힘을 빼는 스포츠가 아닐까? 힘을 잘 빼는 법을 깨닫게 되면 순간 겸손함이 어떻게 생기는지 알 수 있다. 그래야 제 기량을 마음껏 펼칠 수 있다. 자기 기량이 높다고 거만하게 되면, 저절로 몸에 힘이 들어가고 그에 따라 제 기량이 나오지 못하는 결과를 낳고 만다. 만약 골퍼들이 겸손한 자세로 비거리와 스코어에 대한 욕심을 버렸다면, 그만큼 몸에 힘이 빠질 것이다. 이렇게 되면 오히려 예상 밖에 더 좋은 결과가 나오게 된다.

"영미, 영미 영미~"

2018년 평창동계올림픽에서 화제가 되었던 한국여자컬링대표팀의 외침이다. 당시, 수많은 외국 언론이 한국여자컬링대표팀을 주목했다. 한국여자컬링대표팀의 결승전 진출에 대해 칭찬하면서, 그녀들의 고향 의성에서 시작된 컬링 스토리를 전하는가 하면 평창 최고 스타로 주저 없이 한국여자컬링대표팀을 꼽았었다.

타임지는 이렇게 보도했다.

"린지 본과 아담 리폰을 잊어라. 평창 올림픽의 진짜 록 스타는 그들이 아니라 세계적으로 선풍적인 인기를 끌고 있다는 사실을 모르는 겸손한 한국 여자 컬링 선수들이다."

그러면서 두 명의 팀원은 자매이며, 모든 팀원들은 오래 사귄 친구들이라고 했다. 그래서 이들은 얼음 위에서 거부할 수 없는 화학작용을 일으킨다고 했다. 또한 스킵 리더 김은정은 특이한 안경과 강렬한 시선으로 인터넷에서 큰 화제를 일으키고 있으며, 컬링 경기를 본 적 없는 한국인들이 그들을 보기 위해 강릉으로 가고 있다고 기사화했다.

사실, 한국여자컬링대표팀은 평창 올림픽 개막 전에는 알려지지 않았던 팀이었다. 그런데 최고의 스타가 되었다. 이렇게 하여 올림픽에서 큰 주목을 받지 못했던 강릉컬링센터를 영웅의 무대로 만들었다. 변방의 한국여자컬링대표팀이 세계 정상급 실력을 뽐내며 마침내 은메달을 딸 수 있었던 비결이 무엇일까? 앞서 언급했던 타임지의 다음 기사에 그 답이 나와 있다.

"선풍적인 인기를 끌고 있다는 사실을 모르는 겸손한 한국 여자

컬링 선수"

바로 겸손이다. 겸손을 잃어버리는 순간 몸이 경직될 수 있었다. 하지만 그 선수들은 자신들의 큰 인기, 승승장구하는 성과에도 불구하고 우쭐되지 않고 차분했다. 그래서 그들은 제 기량을 온전히 펼칠 수 있었다.

세계적인 축구선수 손흥민도 그렇다. 2020년 최고의 한해를 보낸 그가 영국 스카이스포츠와 인터뷰를 했다. 영국 스카이스포츠 기자는 그에게 "한국에 가장 유명한 사람으로 사는 기분이 어떤가?"라고 질문했다. 손흥민은 이렇게 답했다.

"한국인으로서 EPL에서 뛰는 것이 자랑스럽지만 가장 유명한 사람은 아니다. 나보다 방탄소년단(BTS)이 더 유명하다. 나도 그들의 팬이다."

그는 유럽 축구 무대에서 스포츠 외교관 역할을 하고 있으며, 그로 인한 경제적 파급 효과가 1조9885억원에 이른다. 그런데도 그는 자기 자신을 앞세우지 않았다. 보통 사람의 경우 우쭐대면서 자기도취에 빠진 채 거만할 수 있다. 하지만 그는 전혀 그렇게 하지 않았다.

그의 겸손은 말로만 끝나지 않는다. 그는 자신이 아직도 부족하다고 생각하며, 항상 최고의 경기력을 유지하기 위해 몸 관리를 할 뿐만 아니라 팀 훈련이 끝나서도 개인 훈련을 한다. 만약, 손흥민이 거만해졌다고 하자. 그러면 팬들의 기대감으로 인해, 무의식적으로 몸에 힘이 들어간다. 그래서 결정적 찬스가 나올 때 발에 힘이 들어간 결과, 실패가 될 확률이 높다. 하지만 손흥민은 다르다. 말과 행동이 일치된 겸손이 오늘날의 세계적인 축구 스타 손흥민을 만들었다.

나는 골프 초보자의 스윙 교정을 할 때 '힘을 빼라'고 강조하지 않는다. 그저 힘이 빠질 수밖에 없는 원리를 이해시키고 "힘을 빼세요"가 아닌 "이렇게 해보세요. 힘이 빠지는 걸 알 수 있습니다." 즉, 힘 빼는 법을 가르치기 위해 힘주는 법부터 가르친다. 최소한의 힘을 쓸 줄 알아야 힘이 빠지기 때문이다.

손으로 그립을 착용할 때 힘을 빼라고 해서 힘을 완전히 빼버리면 클럽을 제대로 쥘 수조차 없다. 클럽을 헐렁하게 잡은 상태로는 스윙을 할 수 없다. 요령이 있다. 자신의 왼손에 장어 한 마리를 들고 있다고 상상해 보자. 그 장어가 손에서 빠져나가지 않아야 한다면 어디에 힘을 줘야할까? 대부분의 사람은 왼손 엄지와 검지를 꽉 잡으려한다. 하지만 고수는 왼손 새끼손가락 쪽에 힘을 주고 장어의 머리가 흔들리지 않도록 잡는다. 장어의 머리가 흔들리지 않으면 아무리 꼬리가 흔들려도 장어를 놓치지 않는다. 힘은 어디에 사용하느냐에 따라 힘을 주고 빼는 위치가 달라진다.

이렇게 하면 손목관절과 어깨관절이 유연하게 움직이게 된다. 이때 비로소 제대로 힘을 뺀 상태가 된다. 겸손한 자세를 가질 때 제대로 몸에 힘을 빼게 되어, 제 기량을 마음껏 펼칠 수 있다.

03
골프의 정신은 정직이다

"어떻게 심판 없이 골프 경기가 차질 없이 진행될 수 있습니까?"

처음 골프 레슨을 받는 고객들이 심심찮게 이런 질문을 한다. 골프는 다른 스포츠와 달리 심판이 없다. 심판이 없는 유일한 스포츠가 골프다. 골프를 오랫동안 해온 분들은 이것을 당연하게 여기고 있다. 심판이 있어야 할 필요성을 전혀 느끼지 않는다.

이에 반해 골프 초보자들은 심판이 없다는 점에서 우려의 눈빛을 보낸다. 이것은 기우에 불과하다. 신사의 스포츠, 골프는 심판이 결코 필요하지 않은 스포츠이다. 선수들이 자발적으로 룰과 에티켓을 지키기 때문이다. 선수들은 스스로를 반성하여, 정직하게 룰과 에티켓을 지킨다. 이것을 프로 선수들은 매우 중요하게 여기고 있다.

골프는 유구한 역사를 가지고 있는데 심판이 없는 것은 예나 지금이나 똑같다. 만약, 과거 한때 선수들이 자기반성 능력이 떨어져서 정직하지 않게 게임을 했다면 지금까지 심판 없는 골프가 이어질 수 있었을까? 도중에 심판이 들어선 골프로 변했을지 모른다. 그런데 현재까지 심판 없이도 골프 경기가 엄격하게 잘 진행될 수 있는 이유는 선수들이 자발적으로 정직하게 게임을 해왔기 때문이다.

이처럼 프로골퍼들은 정직하게 경기를 해야 한다는 것을 상식으로 여기고 있다. 선수들은 스코어를 위해 절대 정직을 포기하지 않는다. 이와 달리, 축구의 경우 할리우드 액션이 간간이 통하는 일이 있다. 선수가 경기에서 이기려는 목적으로 심판을 속이는 것이다. 이런 속임수가 일부 통하는 스포츠가 적지 않다. 하지만 원천적으로 골프에서는 이게 통하지 않는다. 선수 스스로 반성하는 능력을 통해 정직하게 경기를 한다. 선수들은 이기고 지고를 떠나서 정직하게 경기를 하는 것을 명예로 여긴다.

골프 룰을 관장하는 영국왕립골프협회(R&A)와 미국골프협회(USGA)는 2019년 1월부터 적용되는 '골프 규칙'을 발간했다. 여기에 플레이어의 행동 기준(Standards of Player Conduct)이 수록되어 있다. 이를 요약하면 다음과 같다.

"모든 플레이어는 골프 정신에 따라 규칙을 엄수하면서 경기를 해야 한다. 성실하게 행동하고, 타인을 배려하며 그리고 코스를 보호해야 한다."

이렇듯, 골퍼에게 중요하게 요구되는 것이 정직한 규칙 엄수이다.

구체적으로 보면, 골프 룰과 함께 상대 선수를 배려하는 에티켓을 올바르게 지켜야한다. 그렇다면 프로 선수들이 정직하게 지켜야할 골프 룰과 에티켓에는 어떤 게 있을까? 기본적인 골프 룰 10가지와 에티켓 3가지를 알아보자.

◀ 골프 룰 10가지 ▶

1. 골프 클럽 개수

공식 대회에서 플레이를 할 때 사용이 허용된 클럽은 총 14개이다. 그 이상일 경우 위반이다. 2 벌타가 주어진다.

2. 티 박스 안에서 샷하기

골프공은 플레이하는 티 마커 사이에서 쳐야한다. 골프공은 티 박스 안에 위치해야 한다. 위반 시 2 벌타가 부과된다.

3. 자기 골프공 사용하기

경기 중 다른 선수의 골프공을 치는 것은 위반으로 2 벌타가 부과된다. 자기 공에 마커로 자기만의 표시를 해두는 것이 좋다.

4. 볼 마크 시 정확한 위치에 골프공 놓기

공을 닦으려고 하거나, 상대방의 퍼팅라인을 피하기 위해 자기 공을 옮길 때 볼 마크를 한다. 다시 공을 올려놓을 때, 원래 위치에 정확히 놓아야한다. 위반 시 2 벌타가 부과된다.

5. 골프 공 있는 그대로 플레이하기

어떤 상황에서든 골프공이 멈춰 서있는 그대로 경기를 해야 한다. 이게 불가능할 경우, 벌타를 부과하고 안전한 곳으로 옮길 수 있다.

6. 일단 친 공에는 손대지 않기

일단 친 공은 인플레이 상태이기에 손을 대지 말아야한다. 이를 위반하면 2 벌타가 부과된다.

7. 플레이 중 내 공 잃어버릴 때 3분 안에 찾기

내가 친 공이 어디에 있는지 모르는 경우가 있다. 이때 3분 내에 찾아야한다. 그렇지 못하면 로스트볼이 된다. 이 경우 2 벌타를 받고 원 위치에서 다시 쳐야한다.

8. 남의 공 건들지 않기

상대 선수의 공을 건드리는 행위는 심각한 플레이 방해 행위다. 이 경우 2 벌타가 부과된다. 경기 중에 주의해야한다.

9. Out of Bounds(OB) 처리하기

골프 홀 양 옆을 따라 하얀 말뚝이 있다. 이게 OB다. 이 경계를 넘어간 것은 플레이 영역을 벗어난 것이다. 이 경우 2 벌타가 부과된다.

10. 그린을 손으로 만지지 않기

볼 뒤쪽 그린을 만지거나, 볼에 묻은 흙을 털어내는 것은 괜찮다. 하지만 플레이 전에 그린을 쓸어내는 행위는 그린 테스트를 하는 것으로 간주되어 위반이다. 2 벌타가 부과된다.

◀ 골프 에티켓 3가지 ▶

1. 코스의 보호

잔디 위에서 스윙을 하고 나면 잔디가 뜯겨지기 마련이다. 이때 뜯겨 나간 잔디를 제자리에 갖다 놓고 메운다. 벙커 샷할 때도 그렇다. 벙커 샷 후에 고무래를 이용해 샷 자국, 발자국이 남지 않도록 평평하게 고른다.

2. 플레이 속도의 유지

골프는 경기 시간에 제한이 없다. 하지만 한 그룹이 지체되면, 전체 그룹의 플레이 속도를 늦춰버리게 된다. 만약 앞 팀과 한홀 이상 벌어질 경우에는 '마샬(Marshall)'이라는 진행요원이나 캐디가 플레이를 재촉하기도 한다. 상대를 배려하는 마음으로 속도를 올려야한다.

3. 다른 선수 플레이 방해 금지

한 그룹이 세컨 샷을 마치기 전에 티샷을 하거나 그린을 빠져나가기 전에 그린으로 볼을 치는 행위는 상대를 방해하고 위협하는 행위다. 또한 지나치게 큰 소리로 "굿샷", "나이스 버디" 외치는 행위도 상대

플레이를 방해하는 행위다. 이러한 행위는 엄격하게 금지해야한다.

프로골퍼는 스스로 반성하여 골프 룰과 에티켓을 지키고 있다. 이렇게 하여 유구한 역사를 가진 골프 경기에는 심판을 찾아보기 힘들다. 골프를 시작한 지 얼마 안 된 분들이 내게 '골프의 정신'이 무엇인지에 대해 심심치 않게 묻는다. 이에 대해 나는 이렇게 답해주고 싶다. '룰과 에티켓을 엄격히 지키는 정직이 골프의 정신'이라고 말이다. 이를 통해 프로의 보조적인 하이멘탈 매너를 유지할 수 있다.

04

바른 인성의 그릇에
실력을 채워라

"스윙을 가르쳐주세요."

고객들은 하나같이 골프 실력이 향상되길 바란다. 그런데 막상 골프를 가르치는 코치인 내게 찾아와서 하는 말은 스윙 기술을 가르쳐 달라는 것이다. 그것 하나면 골프 실력이 향상되는 것으로 알고 있기 때문이다. 골프 초보자일수록 이런 생각을 한다.

골프 레슨 = 스윙 교정

틀린 말은 아니다. 하지만 스윙만 배우는 것은 골프라는 큰 틀 안에서 볼 때 한 가지 기술을 배우는 것에 지나지 않는다. 골프 실력 향상에 한계가 있다. 사실, 골프를 배운다는 것은 다양한 학문 분야와 기술을 섭렵하는 것을 의미한다. 철학부터 스윙, 코스 공략, 장비, 바디 트레이닝, 영양학, 룰과 에티켓, 물리학, 캐디학, 환경학, 심리학 등 수없이 많다. 따라서 단순히 골프채를 휘두를 수 있는 스윙 실력만으로는 상대를 제압하기 어렵다.

이것이 내가 오랜 세월 골프를 해오면서 깨달은 결론이다. 골프는 나에게 기술만으로는 절대 실력이 늘지 않는다는 것을 경험적으로 가르쳐주었다. 골프는 나에게 정말 골프를 잘하기 위해서는 여러 학문 분야와 기술을 골고루 습득해야 한다는 것을 깨닫게 했다. 이와 더불어 에티켓을 잘 지키는 것이 몹시 중요하다는 것을 깨닫게 했다. 이로부터 나는 진정한 골퍼로서 성장할 수 있었다.

내가 깨달은 것 중 하나는 에티켓의 토대가 되는 인성의 중요성이다. 이는 골프 실력 향상과 거리가 있어 보일 수 있다. 하지만 진정한 프로의 세계에서는 인성이 실력 향상과 긴밀한 연관성이 있다. 그래서 이런 도식이 생긴다.

좋은 인성 = 프로 골퍼의 실력 향상
나쁜 인성 = 프로 골퍼의 실력 감퇴

나는 다양한 운동 경력을 토대로 대학교에서 사회체육을 전공했다. 대학생 시절, 나는 진로 문제로 여러 가지 운동 분야를 기웃거렸다. 그러다 1997년에 운명적으로 내 진로가 골프로 정해졌다. 당시, 나는 우연히 골프장 아르바이트를 했다. 내가 골프장에서 했던 일은 아마추어 선수들 시합에서 정해진 홀 한 가운데 서서 선수들이 부정행위를 하지 않는지 살펴보는 일이었다. 내 시야에 푸른 잔디가 들어왔다. 골프장의 푸른 잔디는 나의 마음을 평안하게 해주었고, 발로 밟는 잔디는 체육관의 딱딱한 바닥과 달리 포근한 느낌이었다. 그래서인지 선수들의 경기가 여유로워 보였다. 공을 치고 걸어가는 플레이어의 모습에서는 말 그대로 신사다움마저 느껴졌다.

이 날을 계기로 골프를 본격적으로 시작하기로 다짐을 했다. 그러곤 한 골프 프로에게 무작정 찾아갔다.

"프로님, 저 골프가 배워보고 싶은데요 레슨비를 대신해서 청소라도 하면 안 될까요?"

이날 이후, 열정페이 골프 연습생이 되었다. 처음에는 멋있는 폼만 갖추면 타이거 우즈 선수처럼 훌륭한 선수가 될 것이라고 생각했다. 하지만 골프는 폼만으로 되지 않는다는 사실을 하루라도 빨리 깨달았어야 했다. 스윙에서 폼은 스펙과 같다. 하지만 스펙이 좋다고 모든 분야에서 성공하는 것이 아니다. 마찬가지로 스윙만으로는 골프를 잘한다고 볼 수 없다. 그럼 폼이 필요 없을까? 아니다. 좋은 폼은 분명히 골프에 대한 쉬운 감각을 익히는데 도움을 준다. 그런데 내가 골프 실력을 높이기 위해서는 더 많은 것을 배워야했다. 그걸 깨닫는 데 많은 시간이 필요했다.

나는 손에 물집이 수차례 잡힐 만큼 열심히 연습을 해보았다. 그리고 손가락이 안 펴지고 갈비뼈가 아파서 숨이 안 쉬어질 때도 연습장을 나가서 골프채를 휘둘렀다. 그래도 생각만큼 실력이 늘지 않았다. 의지와는 달리 시간이 흐를수록 생각보다 쉽지 않은 것이 골프라는 것을 절감했다. 그래서 좌절과 절망을 많이 했다. 이 과정에서 화가 나서 골프채를 집어 던지기도 했고, 혼자 욕을 하며 늘지 않는 실력에 스스로를 비판도 많이 했다.

이렇게 해서 나는 골프 실력 향상이라는 욕망에 사로잡혀 있던 탓에, 골프를 하는 운동선수로서 가져야한 인성 문제를 소홀히 한 것이다. 골퍼의 생명과 같은 골프채를 함부로 내동댕이 쳐버린 것 그리고 욕질을 입에 달고 자기 비하에 빠진 것이다. 이는 운동선수로서의 인성에 문제가 생긴 것이다.

인성이 골퍼에게 중요하다. 이 깨달음이 찾아 온 계기가 있었다. 2016년 7월 큐스쿨 예선전에 내가 참가했을 때다. 당시, 나는 테스트 준비할 때는 늘 그렇듯 사전에 시합 코스를 많이 연습했다. 하지만 아무리 나 자신이 철저히 테스트를 준비한다고 해도 시합 당일에 따라 변하는 운이 중요했다.

개인적으로 테스트를 준비하면서 중요하다고 생각하는 요소가 있다. 첫 번째는 나의 컨디션이고 두 번째는 당일의 날씨, 세 번째는 함께 할 동반자(캐디 포함)이다. 나의 컨디션은 스스로가 얼마든지 준비할 수 있었다. 하지만 그날의 날씨와 동반자는 나의 노력으로는 한계가 있다. 때문에 테스트가 끝날 때까지 한 순간도 긴장감을 놓칠 수 없었다. 그 날의 시합도 함께 하는 동반자가 있었다. 그 중에는 나를 제외한 두 명의 선수 가운데 한명은 아직 고등학생이었고, 한 명은

군대를 갓 제대한 20대 중반의 선수였다.

전반 9홀이 끝나고 스코어(경기결과 기록표)를 보니 나는 2오버였고, 고등학생 1명의 선수가 2언더였다. 그 고등학생이 제법 골프를 잘 치는 친구였고 집중력이 좋아보였다. 그런데 문제는 13번 홀에서 발생했다. 2언더를 치던 고등학생 선수가 티샷이 맘처럼 되지 않았는지 그 자리에서 자신의 드라이버를 부러뜨리는 것이었다.

'이거 실화냐?'

눈을 의심해 보지 않을 수 없었다. 20년 이상 골프를 해오면서 나와 동반 플레이 중 자신의 클럽을 훼손한 경우는 처음 있는 일이었다. 그것도 이제 겨우 고등학생인 친구가 어디서 저런 매너를 배운 건지 매우 안타까운 일이었다. 결국, 나머지 홀을 드라이버 없이 플레이를 마친 그 선수는 예선전 탈락을 해야 했다.

테스트를 준비하는 예비 선수들은 마치 수능을 보는 학생들만큼 진지하다. 상금을 받는 경기가 아닌, 프로의 자격을 취득하는 중요한 시합이다. 때문에 시합에 임하는 선수들의 마음이 매우 절박하다. 그 고등학생 선수가 그랬다. 같은 선수로서 충분히 이해가 갔다. 하지만 골퍼가 되기에는 기본적인 자질이 전혀 없어보였다. 그 고등학생은 운동선수로서의 인성에 큰 문제가 있어 보였다. 그래서 비매너 행위를 서슴지 않고 했던 것이다.

이를 계기로 나는 변하기 시작했다. 진짜 골프를 배우기 시작한 것이다. 골프에서는 다양한 학문 이론과 기술이 중요하지만, 그것이 좋은 인성이라는 그릇에 담길 때 꽃이 핀다. 깨진 그릇에 아무리 물을 부어봤자 채워지지 않는다. 그러니 우선 그릇이 잘 갖춰져야 실력이 채워질 수 있다. 신사의 스포츠에서는 특히 온전한 인성의 그릇이 중요하다. 이를 통해 프로의 보조적인 하이멘탈 매너를 유지할 수 있다.

05
존중하고 소통하면서
함께하라

"그가 없었다면 지금의 내가 없을 것이다. 항상 좋은 친구이자 가족 같은 사람이다."

2014년 자신의 캐디 브래드 피쳐가 '올해의 캐디상'을 수상할 때, 박인비가 한 말이다. 이처럼 그녀는 자신의 캐디 브래드 피쳐를 존중하고 수평적으로 소통하고 있음을 알 수 있다. 엄격히 보면, 캐디는 골퍼에게 고용된 직원이다. 골퍼가 갑이고, 캐디가 을이다. 하지만, 세계적인 프로 골퍼 박인비는 다르다.

그녀에게 캐디 브래드 피쳐는 가장 친한 친구이고, LPGA 무대에서 내내 그녀의 곁을 지킨 사람이다. 그녀에게 캐디는 언제나 최악의 샷을 하지 않도록 보호하는 사람이며, 그녀가 의심에 빠져 어떤 샷을 쳐야할지 모를 때 도움을 줬다. 박인비는 남편과 부모까지 자신의 결정이 틀렸다고 생각할 때도 캐디 피쳐 만큼은 늘 자신의 편이었다고 한다. 그녀는 캐디 피쳐를 전적으로 신뢰하고 있다.

캐디 피쳐 또한 박인비 선수를 대하는 자세가 남다르다. 그는 이렇게 말했다.

"박인비는 내 상사다. 그래도 내 맘으로는 항상 여동생처럼 생각한다."

이 둘의 관계는 여기까지만 봐도 분명하다. 서로 존중하고, 수평적인 소통을 하는 팀워크를 가지고 있음을 엿볼 수 있다. 골퍼는 혼자 잘나서는 결코 좋은 성과를 낼 수 없음을 잘 보여준다. 세계적인 프로골퍼로 인정을 받으려면, 캐디와 존중하고 격의 없이 소통하는 관계가 밑바탕이 되어야함을 알 수 있다.

박인비와 캐디가 서로 존중하는 수평적 관계임을 보여주는 에피소드가 있다. 미국의 한 방송 프로그램에 두 사람이 참가해 스피드 퀴즈를 풀었다. 이때 아나운서가 박인비 선수에게 물었다.

"언제 캐디를 해고하고 싶었나요?"

박인비 선수가 웃으면서 말했다.

"너무 많아서 어떤 것을 짚을 수 없습니다."

그러자 캐디 브래드 피쳐가 우스갯소리를 했다.

"필드에서 클럽을 잃어버렸을 때입니다."

골퍼와 캐디 서로 존중하고 수평적 소통을 하여 좋은 팀워크를 발휘할 때, 원하는 결과가 나온다. 골프의 황제, 타이거 우즈의 전성기 또한 존중하고 수평적 소통을 하는 캐디 스티브 윌리엄스가 있기에 가능했다. 그래서 그 둘의 우정 어린 관계가 12년 동안 이어졌다.

우리나라 프로골퍼의 두 사례를 살펴보자.

2015년 LPGA 코츠 챔피언십에 참가한 최나연 선수. 그녀는 17번 홀에서 티샷이 왼쪽으로 꺾여 볼이 소나무 잎이 쌓인 곳으로 갔다. 스윙하기 쉽지 않은 곳이었다.

이때 선수 출신인 캐디 데이비드 존슨이 조언을 했다.

"소나무 잎은 루스 임페디먼트이므로 치워도 됩니다."

이에 힘입어 그녀는 파 세이브에 성공해 승부에 쐐기를 박았다. 참고로, 루스 임페디먼트는 코스 안에 방치된 자연 장해물로, 플레이를 할 때 제거해도 되는 것들을 말한다. 최나연 선수는 말한다.

"내가 성적이 좋지 않을 때도 나를 믿어주면서 기다렸다. 우리는 서로 좋은 팀워크를 유지하고 있다."

같은 해 LPGA 퓨어실크 바하마 클래식 최종 라운드에 선 김세영 선수. 그녀는 16번 홀에서 두 번째 샷이 그린 뒤쪽 덤불에 파묻혀버렸다. 이때 그녀는 23년차 베테랑 캐디 폴 푸스코에게 조언을 구했다. 캐디 폴 푸스코는 이렇게 말했다.

"깃대를 보지 말고 하늘을 보고 빠르게 샷을 하세요."

이에 따라 그녀는 힘껏 클럽을 휘둘렀다. 그 결과 볼이 홀 2m 옆에 굴러갔다. 이를 계기로 우승컵을 차지했다. 현재, 캐디 폴 푸스코는 김세영의 조력자로서 함께 LPGA 11승을 일궈냈다.

'선수는 라운드가 끝나기 전에 캐디(팀 경기에는 파트너와 파트너의 캐디)를 제외하고는 어떤 사람에게도 조언을 받아서는 안 된다.'

골프 규칙 8조에 나오는 조항이다. 이에 따르면, 캐디는 라운드에서 골퍼에게 조언을 줄 수 있는 유일한 사람이다. 골퍼는 경기 승리를 위해 캐디의 역량을 잘 활용할 수 있어야한다. 캐디를 단순히 백을 들고 따라다니는 고용인으로 생각해서는 곤란하다.

설령, 경기에 조언을 주는 역할로서 캐디를 고용했다하더라도 캐디와의 팀워크가 중요하다. 지시 투로 말을 한다든지, 조언에 따라 했다가 실패했다고 짜증을 내는 건 곤란하다. 캐디를 인격적으로 존중하면서 수평적으로 소통을 해야 한다. 이렇게 할 때, 캐디는 자신의 역량을 최대로 발휘하여 골퍼에게 아낌없이 보답을 한다.

참고로, 캐디가 그라운드에서 할 수 있는 행위를 알아보자. 대한골프협회에서는 다음처럼 크게 7가지를 캐디에게 허용하고 있다.

① 플레이어의 볼 찾기
② 플레이어의 클럽을 해저드 안에 놓는 행위
③ 오래된 홀 자국 및 볼 마크(ball mark)의 수리
④ 퍼트 선 위에서 혹은 다른 곳에서 루스 임페디먼트(loose impediment) 제거
⑤ 볼을 집어 올리는 행위를 제외한 볼 위치를 마크하는 행위
⑥ 플레이어의 볼을 닦는 행위

⑦ 움직일 수 있는 장해물의 제거

이외에, 풍향이나 풍속 등을 측정하기 위해 나침반 등의 장치, 도구 등을 사용하는 것은 금지되어 있다. 그리고 대회 전에 코스의 비공개 정보를 알아내거나, 촬영하는 것도 금지되어 있다.

모든 스포츠를 통틀어, 선수와 함께 동반자가 참가하는 것은 골프가 유일하다. 그만큼 동반자 캐디의 역할이 지대하다. 캐디는 앞서 언급한 허용된 행위는 기본이고, 보다 중요한 일을 수행한다. 선수의 체력 분배를 하고, 코스 전략을 함께 구상하며, 선수의 컨디션과 멘탈 관리를 한다. 이렇게 해서 선수가 최대로 실력을 발휘할 수 있도록 도움을 준다.

나는 가끔 프로 선수들의 캐디를 해주기도 한다. 사전에 코스의 정보를 수집하고 로컬 룰과 대회 룰의 차이를 잘 알아두고 경기에 선수의 동반자로 참가한다. 이때, 경험적으로 볼 때, 캐디인 나를 존중하고 수평적 소통을 하는 선수와 팀워크가 잘 맞았다. 그래서 좋은 결과가 나왔다. 함께하는 동반자 캐디를 존중하고, 동반자 캐디와 수평적으로 소통하는 자세야말로 성공하는 프로 골퍼가 갖춰야할 하이멘탈 매너다.

골프 유머 1

* * *

① 골프와 술의 공통점

- 시작이 있지만 끝이 없다.

- 멤버가 좋아야 맛이 난다.

- 성격 나오게 만든다.

- 자주 빠지면 왕따 당한다.

- 샷을 외쳐댄다(원샷, 굿샷).

- 도수에 민감하다(알코올- 클럽 로프트).

- 조절하기 어렵다(주량- 핸디).

- 기간을 중시한다(숙성기간 -구력).

② 골프와 로또의 공통점

- 기대감으로 시작하고 아쉬움으로 끝맺는다.

- 이번에 1등이 안되면 다음 판으로 가서 성공하길 기대한다.

- 하는 날을 기다리며 설레고 흐뭇해한다.

- 공이 설 때까지 숨죽이며 쳐다본다.

- 욕심이 앞서면 힘들어지고 마음을 비우면 즐기며 할 수 있다.

③ 골프와 아내의 공통점

- 한번 결정하면 바꿀 수 없다.

- 내 마음대로 안된다.

- 돈을 많이 가져다 바치면 편해진다.

- 아무리 오랜 시간을 같이 해도 모르는 구석이 나온다.

- 즐거움과 적당한 스트레스를 함께 주는 영원한 동반자

④ 골프와 자식의 공통점

- 한번 인연을 맺으면 죽을 때까지 끊을 수 없다.

- 언제나 똑바른 길을 가길 원한다.

- 끝까지 눈을 떼지 말아야 한다.

- 간혹 부부간의 의견 충동을 일으킨다.

- 비싼 과외를 해도 안 될 때가 있다.

- 18살(18홀)이 지나면 내가 할 수 있는 것이 없다.

- 남들에게 자랑할 때 과장된 거짓말을 한다.

PART 6

프로를 강화하는
융통성과
창의력

01
문제를 해결하는 융통성

당신의 티샷이 그럭저럭 잘 맞아 페어웨이 또는 러프에 떨어졌다.
그 다음, 세컨 샷을 쳤는데 하필이면 그린 앞 벙커에 들어갔다. 마침,
그 벙커의 높이가 3m 이상이고, 핀의 위치가 앞 핀으로 가까운 상황
이다. 그렇다면 당신은 이를 어떻게 해결할 것인가? 다음 네 가지 중
에 하나를 선택해보자.

① 어디선가 보고 배운 대로 클럽 페이스를 열고 높이 떠 그린
　에 안착시킨다.
　－ 가장 이상적이지만 당신이 이런 실력을 갖추었는지 확신이 없다면
　시도하기 쉽지 않다.

② 방법이 없으니 일단 빠져나갈 때까지 계속 시도한다.

– 운이 좋다면 탈출하겠지만 두세 번 정도 시도 후 포기해야 할 경우가 많다.

③ 슬쩍 눈치를 보며 벙커 밖에 두고 쳐도 되냐며, 멤버에게 동의를 구한 후 어프로치를 한다.

④ 좀더 다른 방법으로 시도한다.

네 가지 중에서 하나를 선택하는 것을 보면, 당신의 골프실력이 어느 정도 수준인지 알 수 있다. 사실, 대부분의 골퍼는 무조건 직진을 해야 한다고 생각하기 때문에 ① 번 또는 ②번의 방법을 선택한다. 이는 하수다. ③번과 ④번의 방법을 택할 줄 아는 게 진정한 고수다. 이는 문제 상황을 융통성있게 해결해내기 때문이다.

여기서 융통성의 정확한 의미를 짚어보자. 융통성의 뜻은 이렇다.

그때그때의 사정과 형편을 보아 일을 처리하는 재주. 또는 일의 형편에 따라 적절하게 처리하는 재주.

이러한 융통성의 유무가 아마추어 골퍼와 프로 골퍼를 나누는 기준 가운데 하나다. 아마추어는 문제 상황을 맞닥뜨렸을 때, 기술 하나에 의존하는 수준에 머문다. 이에 비해 프로는 융통성 있게 여러 가지 해법으로 문제 상황을 해결해낸다.

세계적인 프로 골퍼의 최고 샷을 보면, 융통성 있게 문제를 잘 해결하는 경우가 많다. 2013년 베이힐에서 열린 아널드파머 인비테이셔널 마지막 라운드에서 나무에 기어 올라갔던 세르히오 가르시아가 대표적이다. 10번홀 티샷한 볼이 나무 위로 올라가자, 그가 서슴지 않고 그 위로 올라갔다. 찾아보기 힘든 행동이었다. 이때 그는 페어웨이로 볼을 꺼내놓았다. 이는 일반적인 코스 공략이 아닌 자신만의 융통성으로 문제를 해결하는 것이다.

"코치님, 엊그제 라운드를 갔는데 벙커 턱이 좀 높아서 빠져나오느라 정말 힘들었어요. 티샷 잘 맞고 세컨 샷도 잘 맞았는데 하필 벙커에 들어가는 바람에 아깝게 양파(Double Par: 한 홀에 정해진 타수보다 두 배의 스코어를 기록했을 경우 한국에서는 양파 또는 더블파라고 한다)가 되었습니다."

며칠 전 한 아마추어 고객이 이렇게 내게 말해왔다. 나는 이런 상황에서의 해결책을 레슨에서 알려준 바 있었다. 실제로 레슨에서 고객들과 이런 대화를 나눈 적이 있었다.

"회원님, 턱이 높은 벙커에서 빠져나오기란 일반 프로들도 부담이 됩니다. 그러기 때문에 차라리 1벌타를 받고 벙커 밖으로 나와서 드롭 후 어프로치를 하는 방법이 있어요."

고객님이 즉각 반응을 보였다.

"정말요? 와~ 전혀 그렇게 생각해보질 못했네요."

"대부분은 벙커가 해저드란 룰을 잘 모르셔서 무조건 벙커에서 해결하려는 생각을 많이 하시거든요. 해저드는 워터 해저드와 벙커 해저드가 있기 때문에 물속에 공이 있으면 눈앞에 보여도 1벌타로 주변에 공을 드롭 후에 다시 플레이를 합니다. 이렇듯이 벙커 해저드도 같은 룰이 적용된다고 보시면 됩니다."

고객님이 만족스러워하는 표정을 지었다. 그 방법이면 이젠 됐다는 것이었다. 나는 그 모습을 보면서, 해결책이 그것이 전부가 아니라고 말했다. 그러곤 다른 방법을 알려주었다.

"또 다른 방법 두 가지가 있어요. 첫 번째 방법을 알려드리죠. 벙커 뒤 방향은 분명히 턱이 낮을 겁니다. 그런 경우는 벙커 뒷방향 또는 좀 더 유리한 좌우 옆 방향 중 한 곳을 선택해서 가볍게 벙커에서 탈출 후 어프로치를 하는 방법이 있습니다.

두 번째 방법은 이렇습니다. 벙커는 꼭 샌드웨지를 이용해서 탈출해야 한다는 룰이 없습니다. 그래서 때로는 퍼터를 이용해서 턱이 낮은 벙커 또는 내리막 벙커에서 쉽게 탈출해도 됩니다. 이런 여러 가지 해결 방법들을 알아둔다면 융통성 있게 문제를 해결할 수 있습니다."

이렇듯 문제 상황에서 융통성이 몹시 중요하다. 문제 상황에서 융통성을 발휘한다면 해결책은 여러 가지가 나온다. 대개 골린이는 자신의 부족한 기술로만 모든 상황을 극복하려고 한다. 이 수준에서 탈피해야한다. 융통성을 발휘해 문제를 해결하는 능력을 습득하는 게 필요하다.

골프에는 수많은 룰이 있고, 정해진 기술이 있다. 곧이곧대로 룰을 지키고, 정해진 기술을 사용하기만 한다면 절대 프로의 수준에 올라갈 수 없다. 융통성을 발휘하여 과감히 룰과 기술에서 벗어나는 게 필요하다. 프로의 보조적인 하이멘탈 융통성을 갖춰야한다. 이렇게 할 때 예기치 않는 그라운드의 악조건 상황에서 무너지지 않고, 앞으로 나아갈 수 있다. 융통성을 제대로 발휘하기 위해 가끔 뒤를 돌아보는 것은 어떤가?

02
창의력이 승리의 열쇠다

골프는 굉장히 넓은 공간에서 진행되는 경기다. 골프장은 보통 수십만 평에 달한다. 이 골프장에는 벙커와 해저드와 같은 각종 장애물과 코스 경계선이 있다. 여기에다 시시각각 바람의 세기와 방향이 변화한다. 이런 환경에서 경기를 진행하는 골퍼에게는 경직되지 않은 사고가 요구된다.

뻔하고 교과서적인 틀로 진행하다가는 제대로 실력을 발휘하기 힘들기 때문이다. 그래서 많은 프로골퍼들은 독창적이고 새로운 경기를 위해 창의력을 강조해왔다.

“창의적인 샷을 시도하는 선수가 좋은 경기를 할 것 같다.”

                             - 리디아 고(2016년 리우올림픽 골프 경기에서)

"링크스 코스는 보통의 코스와 다르다. 만약 7번 아이언으로 150 야드를 날릴 수 있는 상황이라 해도 120야드 정도를 날리는 것이 좋다. 창의적인 플레이가 관건이다. 3번 우드나 하이브리드, 5번 아이언으로 칩샷을 할 수도 있다. 환상적인 샷이 나올 수도, 말도 안되는 샷이 나올 수 있다는 점이 정말 재밌다."

 — 유소연(2017년 브리티시 여자오픈 경기에서)

이 두 선수 외에도 많은 프로 골퍼들은 창의적인 플레이를 중시하고 있다. 특히나, 우리 시대의 세계 최고 프로골퍼로 칭송받는 타이거 우즈 또한 창의적인 플레이로 유명하다. 그는 곧 창의적 플레이어의 대명사나 마찬가지다.

그는 전성기가 지난 2018년 브리티시오픈 대회에 참가하면서, 마스터스가 열리는 미국 오거스타 내셔널 골프클럽은 거대한 야구장 같은 느낌이 든다고 했다. 이와 함께 링크스 스타일의 코스에서는 거리에 대한 부담이 덜한 편이기에 거리보다 창의적인 플레이가 조금 더 중요하게 작용한다고 말했다.

그러면서 그는 전성기보다 거리가 줄어들었지만 다른 메이저 대회에 비해 브리티시오픈에서 더 좋은 성적을 낼 수 있다고 했다. 그는 경기에 앞서 이렇게 창의적 플레이를 강조했다.

"왓슨이 메이저 8승 가운데 5승을 브리티시오픈에서 따낸 이유는 창의적인 샷에 능하고 또 모든 샷을 두루 구사하는 능력이 있기 때문이다."

비단 골프에만 국한되지 않는다. 모든 스포츠에서 중요시되는 것이 선수의 창의적 플레이다. 틀에 박힌 방식으로 경기를 운영한다면 어떻게 될까? 상대 선수에게 수를 읽혀버리게 되고, 새로운 상황의 변수에 임기응변으로 대처하기 힘들다. 그 결과 경기에서 제 기량을 마음껏 펼치기 쉽지 않다.

그렇다고 처음부터 창의성을 기르기는 쉽지 않다. 우선, 기본기의 패턴을 몸에 익히는 게 필요하다. 그 다음, 그 기본기의 유형에만 안주하지 않고, 스스로 변형하고 응용해나가야 한다. 이때 창의력이 발휘가 된다. 골프 코치로서 나는 레슨을 할 때마다 고객들에게 비교적 창의력을 많이 강조하는 편이다. 이때, 많은 분들이 내게 묻는다.

"골프에서 창의력이 좋다는 건 무엇을 말합니까?"

나는 쉽게 설명해드린다.

"예를 들어 A 지점까지 공을 쳐야 한다고 합시다. 그러면 A지점까지 공을 치는 방법은 딱 하나뿐일까요? 그렇지 않습니다. 그 방법은 수없이 많죠. 이때 가장 효율적인 방식으로 A지점까지 공을 치는 게 창의력이 좋다고 할 수 있습니다. 그와 달리 익숙한 방식으로 고리타분하게 공을 치는 게 창의력이 부족하다고 할 수 있죠."

나는 오랫동안 골프를 해오는 과정에서, 우리나라 선수와 외국 선수들을 비교할 때 창의력이 무엇인지를 확연하게 확인할 수 있었다. 최근에는 그렇지 않지만 우리나라 선수들이 미국과 일본 등에 진출하기 전에는 대부분의 선수들이 보통 똑같이 배운 방식 한 가지를 고집하는 경향이 있었다. 이와 달리 외국 선수들은 생각지도 못한 다양한 방식으로 경기를 하곤 한다.

다양한 운동을 예로 들어보자. 운동은 크게 직진적인 운동과 회전 중심적인 운동으로 나뉜다. 직진적인 운동의 대표적인 것으로 육상을 들 수 있다. 이것은 인간의 직진 본능에 충실한 운동이다. 따라서 앞만 보고 미친 듯이 달리기만 하면 끝이다. 이 과정에서 새롭고 독창적인 방식을 생각할 여유가 없다.

회전 중심적인 운동의 대표적인 것으로 체조, 피겨, 골프가 있다. 체조선수와 피겨선수는 회전을 많이 하고, 비직선적인 움직임을 많이 한다. 골프도 그렇다. 스윙의 경우, 회전을 이용한다. 그라운드에서 공이 떨어진 위치에 따라 골퍼가 걸어가는 방향이 꺾이는 일이 많다. 똑바로 직선으로만 가서 경기가 끝나는 일이 없다. 이러한 운동에는 전에 보지 못한 새로운 방식이 요구된다. 그리고 이러한 창의적 플레이가 경기에서 우승을 차지하는 데 결정적인 열쇠가 되기도 한다. 더욱이 골프의 그라운드가 수십만 평에 달한다. 그래서 선수들이 공간을 지각하면서 무궁무진하게 새로운 방법을 시도할 수 있다. 경기장 옆이 시원하게 트이고 하늘이 뚫린 경기장을 갖춘 스포츠는 그리 많지 않다.

수많은 경기를 치러오는 프로골퍼들은 공간 지각 능력이 탁월하다. 사람은 시각, 청각, 촉각 등 다양한 감각을 활용해 공간 관계와 위치를 파악하고 반응하는데, 이를 '공간지각능력'이라고 한다.

특히, 골프는 입체적 공간 지각능력을 필요로 한다. 선수가 필드에

설 때, 공간에 대해 빠르게 파악해야한다. 코스에 대한 이해, 홀까지의 거리, 볼을 날려 보내야 하는 방향, 장애물, 그 외의 변수 등이 그것이다. 그다음, 경기 플레이 계획과 전략을 짜야한다. 이런 과정에서 저절로 프로골퍼들은 오른쪽 뇌를 많이 활용함에 따라 창의력이 높아진다.

기본적으로 프로 골퍼는 드넓은 필드에서 많은 경기를 해온 경험을 통해, 창의력을 높이게 된다. 이는 어느 한 선수 예외가 되지 않는다. 그런데 문제는 그 창의력을 더더욱 경기에서 활용해야한다는 것이다. 전에 보지 못한 새로운 방식으로 경기를 풀어갈 때, 우승 트로피를 들 수 있기 때문이다. 독창적이고 새로운 플레이를 위한 창의력은 세계적인 선수가 되기 위한 필수 요건임에 틀림없다. 이것이 단순히 스윙 폼만 멋지다고 될 수 없는 이유이다. 창의력은 프로의 보조적인 하이멘탈이다.

골프 유머 2

· · ·

① 골프 퀴즈

- 연속적으로 보기만 하면?: 변태

- 연속적으로 더블 보기만 하면?: 스와핑

- 일주일에 골프 4회 나가면?: 주사파

- 연속 파를 4개 하면?: 아우디

- 연속 파를 5개 하면?: 올림픽

- 통계학적으로 불교신자가 기독교신자보다 골프를 못하는 이
  유는?: 공이 절(?)로 가니까

② 골프 사자성어

- 폼도 좋고 스코어도 좋으면: 금상첨화

- 폼도 좋은데 스코어가 나쁘면: 유명무실

- 나빠도 스코어가 좋으면: 천만다행

- 폼도 나쁘고 스코어도 나쁘면: 설상가상

③ 골퍼 핸디 구별법

- 90대 치는 골퍼: 남을 못 가르쳐서 안달이다.

- 80대 치는 골퍼: 먼저 물어봐야 알려준다.

- 70대 치는 골퍼: 사정해서 물어보면 겨우 알려준다.

- 프로 골퍼: 물어보면 돈 받고 알려준다.

④ 골퍼 부인 핸디 구별법

- 초보 골퍼 부인: 허리 좋아진다고 칭찬한다.

- 90대 골퍼 부인: 주말이면 애들만 들볶는다.

- 80대 골퍼 부인: 돈 잃고 들어오면 신랑 죽인다.

- 70대 골퍼 부인: 따로 놀고 클럽하우스에서 간혹 마주 친다.

⑤ 골퍼 5대 변태

- 드라이버만 치면 조루(쪼루, 토핑)나는 골퍼

- 구멍이라는 구멍(벙커, 워터 해저드)에 다 한 번씩 들어가 보는
  골퍼

- 자기 구멍(홀)이 있는 그린보다 남의 집 그린에 잘 가는 골퍼

- 파(Par)는 못하고 허구한 날 보기(Bogey)만 하는 골퍼

⑥ 캐디가 꼽은 진상 골퍼

- 피아노맨: 애인을 데리고 와서 남의 시선을 아랑곳없이 애정
  행각을 벌이는 골퍼

- 골프백이 무거운 골퍼: 골프채가 14개 이상이며 웨지 개수가

프로골퍼보다 많지만 사용하는 웨지는 딱 하나뿐

- 막무가내형: 폭우와 폭설에도 끝까지 라운드를 하겠다는 골
  퍼. 눈이 쌓였는데도 흰색 볼을 쓰겠다는 골퍼
- 골프장을 비교하는 골퍼: "명문 골프장에서 일하는 캐디는 말
  이야"라고 말하는 골퍼
- 모든 거리를 다 물어보는 골퍼: 뒤땅을 쳐서 5야드도 못 보내
  고 나서 또 "여기서 얼마나 돼?"라고 묻는 골퍼
- 연습스윙을 세 번씩 하는 골퍼: 이때, 캐디가 속으로 "뿌리 내
  리겠네"라고 한다.

⑦ 골프 명언

- 100타 깰 때 필요한 3무: 무욕, 무력, 무념
- 90타 깰 때 무서워 말아야할 3가지: 벙커, 미들 아이언, 마누라
- 80타 깰 때 있어야 할 4가지: 돈, 시간, 친구, 건강
- 70타 깰 때 버려야할 것 3가지: 직장, 가정, 돈

PART 7

상위 1%
하이멘탈 프로가
얻는 것들

01
경영의 프로가 된다

"타이거 우즈, 박세리가 경영자가 되면 성공할 수 있을까?"

이 질문을 받은 당신은 어떻게 답을 낼 것인가? 이에 대한 답을 말한다. 미국 경영전문지 〈전략과 비즈니스〉에서는 골프를 잘 치는 사람이 경영을 잘한다고 소개하고 있다. 이와 함께 미국 〈골프 다이제스트〉(1998년 6월호)는 CEO가 골프를 잘 치면 경영을 잘한다고 결론을 내렸다.

"지난 3년간 주주들에게 최대의 이익을 안겨준 기업은 바로 최저 핸디캡을 갖고 있는 최고경영자에 의해 주도된다는 연관관계를 발견했다."

〈골프 다이제스트〉에 따르면, 5백대 글로벌 기업 CEO 2백여 명의 평균 핸디캡은 14.4로 나타났다. 선마이크로시스템스의 스코트 맥닐리 회장은 핸디캡 3.3으로 미국에서 가장 골프를 잘 치는 CEO 이다. 세계적 매니지먼트사인 IMG의 마크 맥코맥 회장은 핸디캡이 6.5이며, 제너럴 일렉트릭의 잭 웰치 회장은 7.1이고, JP 모건의 더글 러스 워너 3세는 7.4로 수준급 골퍼이다. 그 외 IBM의 루이스 거스 너 최고경영자는 핸디캡 8.7이며, 모토로라의 크리스토퍼 갤빈 최고 경영자는 9.7이다. 많은 사람들의 이목을 받고 있는 마이크로소프트 의 빌 게이츠 회장은 어떨까? 그는 핸디캡이 23.9로 90대 중반의 골 프실력을 갖고 있는 것으로 알려졌다.

이번에는 국내 기업 CEO의 핸디캡을 알아보자. 한 조사에 따르 면 국내 대기업 CEO들의 평균 핸디캡은 13으로 알려졌다. 이는 한 라운드에서 평균 85타를 친다는 말이다. 이웅렬 전 코오롱 회장은 핸 디캡 5로 골프를 가장 잘 치는 CEO이다. 구본무 전 LG 회장은 핸디 캡이 9이며, 손길승 전 SK 회장과 박용오 전 두산 회장은 12, 이건희 전 삼성 회장과 정몽헌 전 현대 회장은 13, 정몽구 현대자동차 명예 회장은 15다. 핸디캡이 18(그로스 90타)를 넘는 CEO들은 거의 찾아볼 수 없다.

이처럼 국내외 유명 기업의 CEO들의 골프 실력을 볼 때, 골프 기 량과 기업 경영이 상관관계를 가지고 있음을 분명히 알 수 있다. 그 누구보다 골프를 사랑하는 CEO로, 국내외 어느 기업인에게 뒤지지 않는 이가 바로 이웅렬 전 코오롱 회장이다. 그는 자신의 홈페이지의 'My quotaions'에서 이렇게 골프와 경영의 연관성을 강조하고 있다.

"골프와 기업은 아주 비슷한 점이 많아요. 골프 실력이 느는 것도 꼭 경제학의 톱날 효과(ratchet effect)와 유사하거든요. 연습하면 스코어가 한꺼번에 향상됐다가도 연습 안하면 바로 떨어지고, 또 연습을 꾸준히 하면 어느 날 갑자기 실력이 늘어난 자신을 발견하는 겁니다. 기업도 마찬가지라고 봐요. 올라갈 때는 위험을 생각해야 합니다. 경기가 좋을 때는 항상 바닥을 생각하라는 말도 마찬가지입니다."

경영에 도움이 되는 프로의 하이멘탈에는 어떤 게 있을까? 어떤 프로의 하이멘탈이 경영자를 경영의 프로로 만들어낼까? 목표를 추진할 때 얻어지는 자신감과 실패에 대한 회복 탄력성의 인내력이다. 이 두 가지 프로의 하이 멜탈은 기업 경영에 효과적으로 발휘될 수 있다. 따라서 다음과 같이 '경영의 프로'가 될 수 있다.

1. 변화와 혁신의 목표를 추진하여 자신감 있게 경영할 수 있다.

골프 그립을 제대로 착용하려면 손바닥 유두골을 피해 새끼손가락 마지막 마디 착용점에 맞닿게 해서 착용해야 한다. 이것을 처음 따라하는 것은 어렵지 않다. 누구나 처음 몇 번은 곧잘 따라한다. 그런데 엔트로피의 법칙에 따라 시간이 흐르면 잘못된 방법으로 그립을 착용한다. 그래서 문제는 지속, 반복이다. 오랜 습관으로 인한 관성을 인지, 비교 반복을 통해 새로운 관성 모멘트(한번 생긴 에너지를 계속 유지하고 싶은 성질)로 변화해야하기 때문이다.

사람들은 교정된 그립 착용법을 어색해한다. 기존에 해왔던 익숙했던 습관이 아니기 때문에 자기 하고 맞지 않는다 생각한다. 하지만, 바로 이때가 정확한 방법을 습관화해야할 때다. 어색하다고 느낄 때가 바로 변화의 시작 신호다.

변화하려면 어색함을 자주 경험해서 익숙해져야한다. 나는 이렇게 강조한다.

"익숙함은 날짜를 정하지 않고 스며들듯 옵니다. 그러니 어색함을 반복적이고 긍정적으로 경험하십시오. 이때 변화할 수 있습니다."

골프에서 실력을 늘리려면, 빠르게 변화에 성공해야한다. 변화에 늦게 대처한다면 결코 실력을 향상시킬 수 없다. 변화에 대한 목표를 추진함으로써 자신감을 얻을 수 있다. 아마추어일수록 변화에 두려움을 갖고 있는 것이 본능이다. 변화를 두려워하지 않는 사람들의 공통점은 바로 어색함을 극복해 익숙해질 때까지 기다리는 것에 있다.

이것은 경영에서 변화, 혁신의 목표를 추진함으로써 자신감을 얻을 수 있는 것과 통한다. 빠르게 변화하는 글로벌 경제 환경에서는 잘못된 기존 관행에 안주하지 말아야한다. 신속하게 과거 관행에 작별하여 변화에 성공해야한다. 제너럴 일렉트릭의 잭 웰치 전 회장은 말했다.

"과거에 집착하지 말라. 열린 마음으로 변화를 받아들여라."

자신감 있게 기업을 경영하고 싶은가? 그러면 지금 당장, 변화와 혁신에 대한 목표를 추진하라.

2. 실패와 위기에 대한 회복 탄력성의 인내력으로 경영할 수 있다.

골퍼는 게임 스코어를 향상시키기 위해 끊임없이 노력한다. 단숨에 스코어가 크게 줄지 않는다. 아무리 노력해도 원하는 만큼의 결과가 나오지 않는 실패를 겪기도 한다. 하지만 포기하지 않고 노력을 게을리 하지 않을 때 좋은 스코어가 나온다.

이는 경영에서의 실패에 대한 회복 탄력성의 인내력과 통한다. 회복 탄력성이 높은 경영 사례로 KFC 할아버지로 불리는 창업자 할랜드 샌더스를 들 수 있다. 그는 40세에 육군에서 전역하여 작은 식당을 운영했다. 하지만 고속도로가 생기면서 손님이 줄었는데 엎친 데 덮친 격으로 화재가 나면서 65세에 폐업했다. 무일푼이 된 샌더스는 다시 사업을 하기로 결심한 후 낡은 트럭으로 미국 전역을 떠돌며 자신의 요리 비법을 팔려고 했다. 이 과정에서 그는 무려 1,008번 거절당했다. 그런 그는 1,009번째 시도에서 계약을 맺는데 성공한다. 이를 계기로 승승장구하여 오늘날의 KFC가 글로벌 프랜차이즈 업체로 성장할 수 있었다.

기업 경영을 하다 보면, 수없이 많은 실패, 위기를 경험하게 된다. 이때, 포기의 유혹이 찾아온다. 그냥 포기하면 아무 것도 아닌 게 된다. 하지만 인내력으로 포기하지 않고 계속 노력하면 더 높이 비상할 수 있다.

◀ 변화를 빠르게 받아들이는 변화의 멘탈 2가지 방법 ▶

1. 새로운 변화를 반복 경험한다.
2. 새로운 것이 아니라 원래 내 것이었던 것처럼 연기한다.

02
협상의 프로가 된다

"연봉 협상"

"현대차 애플카 협상"

"미중 무역 협상"

이렇게 우리는 '협상'이라는 단어를 자주 접한다. 협상이라는 말이 대단하고 특별한 의미 같아 보이지만 사실 일상에서 많이 사용되고 있다. 가령, 마트에서 식자재를 사거나, 전자 대리점에서 가전제품을 살 때 가격 흥정을 하는 일이 있다. 바로, 이게 협상이다. 파는 사람은 되도록 비싸게 팔고 싶고, 구매하는 사람은 가능하면 싸게 사고 싶어 한다. 이처럼 둘이 서로 원하는 것이 다르니 의견 충돌이 생긴다.

이때, 필요한 게 흥정 곧 협상이다. 협상의 의미는 이렇다.

어떤 목적에 부합되는 결정을 하기 위하여 여럿이 서로 의논함.

따라서, 판매자와 구매자는 서로 원하는 것을 위해, 의논을 한다. 한쪽이 과도하게 자기주장만 편다면 제대로 흥정(협상)이 진행되지 않는다. 하지만 상호 조금씩 양보를 한다면 흥정(협상)의 물꼬가 트인다. 서로 조금씩 손해보고, 서로 조금만 이익을 챙기는 선에서 원만히 가격이 결정될 때 비로소 흥정 곧 협상이 성공한다. 협상은 '자신이 원하는 것을 얻기 위해 상대편에게 깨우쳐 말하는 설득'과 본질적으로 성격이 다르다.

1991년 서울대에서 프랑스 정부에 외규장각 도서 반환 요구를 했다. 이로부터 한국정부와 프랑스 정부 사이에 외규장각 도서 반환 협상이 진행되었다. 프랑스가 긍정적인 응답을 해왔다. 1993년 9월 프랑수아 미테랑 프랑스 대통령이 방한 시, 휘경원원소도감의궤 1권을 돌려주었다. 그리고 정상회담을 이어갔고, 여기에서 '상호교류와 대여'의 원칙에 합의함으로써 외규장각 도서가 반환되는 것처럼 보였다.

하지만 한국정부가 국내여론에 떠밀려, 강경한 태도를 보였다.

"영구대여 방식으로 반환해주세요. 우리나라의 중요한 문화재입니다."

프랑스 정부는 강탈 문화재를 많이 보유하고 있었기에 난감했다.

"미안하지만 그렇게는 못합니다. 한국에만 영구대여의 선례를 남길 경우 다른 나라에서도 물밀듯이 반환요구를 해올 것이 두렵습니다."

이렇게 해서, 외규장각 도서 반환은 수년이 흘렀지만 아무런 진전을 이루어내지 못했다.

그러다 2010년 마침내 외규장각이 국내에 들어올 수 있었다. 이는 한국 정부가 '영구대여'라는 용어를 포기하고 '일반대여'라는 용어로 바꿨기 때문이다. 이에 프랑스는 외규장각 도서를 5년 단위 대여갱신 방식으로 한국에 돌려주기로 합의했다. 용어의 차이일 뿐, 실질적으로 외규장각 도서는 영구적으로 국내 대여, 곧 반환된 거나 마찬가지였다.

이처럼, 외규장각 도서가 국내에 들어올 수 있었던 결정적인 이유는 양보와 절충의 협상 묘미를 발휘했기 때문이다. 한국정부는 '영구대여' 용어를 포기했고, 이에 프랑스는 5년 단위 대여갱신 방식을 제시했다. 이로써 한국 정부는 외규장각 도서를 돌려받는 데 성공했으며, 프랑스 정부는 불리한 선례를 남기지 않을 수 있었다. 둘 다 윈윈에 성공한 것이다. 바로, 이게 협상이라 할 수 있다.

직장, 비즈니스 그리고 일상에서 수많은 협상을 경험한다. 자잘한 것에서부터 시작해 큰 규모의 협상을 수도 없이 하고 살아간다. 협상의 목표는 본질적으로 서로 얼굴 붉히지 않고, 갈등을 최소화하여 서로 원하는 것을 얻는 데 있다. 협상을 잘 하는 역량을 갖출 때 타인과 조화롭게 관계를 맺으면서 만족스러운 삶을 누릴 수 있다.

협상에 도움이 되는 프로의 하이멘탈에는 어떤 게 있을까? 『협상의 기술』의 허브 코헨에 따르면, 효과적인 협상의 3요소를 이렇게 밝히고 있다.

- 힘(Power): 스스로 힘이 있다고 믿어라. 상대방이 그 힘이 당신에게 실제로 있다고 생각한다.
- 시간(Time): 서두르지 말고 데드라인까지 인내하라. 모든 중요한 것은 마지막 순간에 결정된다.
- 정보(Informtion): 신호가 울리기 전에 출발하라. 미리 움직여야 상대가 말하지 않는 정보까지 캐낼 수 있다.

이 세 가지 요소를 자기 것으로 만드는 것이 곧 협상에 도움이 되는 프로의 하이멘탈이다. 협상에 도움이 되는 프로의 하이멘탈은 이미지를 생생하게 구체화함으로써 얻어지는 자신감, 끝끝내 승리하는 존버의 인내력, 목표를 세워 추진할 때 얻어지는 자신감이다. 순서대로 다음과 같다.

1. 이미지를 생생하게 구체화함으로써 얻어지는 자신감이 힘(Power)을 강화한다.

골프의 제왕 잭 니클라우스가 퍼팅하기 전에 퍼팅 라인을 마음속으로 그려보고, 볼이 라인을 타고 굴러가는 모습을 상상한다고 했다. 이러한 생생하고 구체적인 이미지트레이닝이 자신감을 북돋아주기에 그는 수많은 우승을 이루어냈다.

이렇듯 협상을 할 때, 힘이 있다는 자신의 모습을 생생하고 구체적으로 이미지 트레이닝을 하자. 그러면 자신감이 생기는 것과 함께 힘(Power) 솟구친다.

2. 끝끝내 승리하는 존버의 인내력이 시간(Time)을 강화한다.

나는 실력이 뒤떨어지지만 끝까지 참고 한 길을 걸어간 끝에 골프 코치로서 인정을 받을 수 있었다. 엄청난 버티기 곧 존버의 인내력이 나의 성공 요소다.

협상 시에도 그렇다. 참을성 있게 인내하는 사람이 결국 유리한 조건을 차지한다. 협상에서의 합의는 대부분 막바지에 이루어진다. 때문에 결코 먼저 포기하지 말아야한다.

3. 목표를 세워 추진할 때 얻어지는 자신감이 정보(Informtion)를 강화한다.

골프의 킹메이커이자 우승청부사 참모 캐디 스티브 윌리엄스는 잠재력을 최대한 발휘함으로써 만족을 얻고 싶다면, 목표 설정은 필수 조건이라고 했다. 목표가 추진력을 발휘하여 자신감을 샘솟게 한다.

협상에서는 가능한 많은 정보를 수집하는 게 유리하다. 따라서 정보 수집이라는 큰 목표가 세워져야하며, 이를 추진해야한다. 이때 생기는 막강한 정보력은 곧 자신감으로 통한다. 나는 프로의 캐디를 맡을 때 코스, 날씨, 상대선수 실력과 상태 등에 대한 정보를 수집하여 선수와 생각을 공유한다.

03
설득의 프로가 된다

우리나라가 2018년 평창동계올림픽 유치를 위해 세 번째 도전할 때다. 두 번 고배를 삼켰던 우리나라로서는 마지막이라는 심정으로 최선을 다해 유치 활동을 펼쳤다. 이리하여 유치 장소를 결정하는 투표 날이 다가왔다. 아직까지 독일 뮌헨이 유치 가능성이 더 높았다.

이때 우리나라는 마지막 프레젠테이션에 사활을 걸었다. 대통령과 피겨 스타 김연아 그리고 프레젠테이션 전문가 나승연이 등장해 IOC 위원에게 한 표를 호소했다. 특히, 나승연 대변인은 자신감 있고 여유 있는 모습으로 프레젠테이션을 하면서 이미 승자처럼 말하고 행동했다.

시간이 흘러 프레젠테이션 시간이 끝났고, 투표가 시작되었다. 결과는 놀라웠다. 강력한 후보 도시인 뮌헨보다 평창이 두 배를 웃도는

표를 받았다.

IOC 위원들은 이구동성으로 말했다.

"마지막 프레젠테이션으로 평창이 10표 이상을 더 얻었다."

이렇게 해서 '더반의 기적'이 탄생했다. 객관적으로 가능성이 희박한 평창 유치를 실현 가능하게 만든 원동력이 무엇일까? 이것이 바로 '설득'이다. 설득의 의미는 이렇다.

원하는 방향으로 다른 사람이 행동하게 하는 말하는 방식

설득은 상대방을 자신의 원하는 방향으로 마음을 바꾸어놓는 것을 말한다. 이게 결코 쉬운 일이 아니다. 입장이 다른 사람을 한번이라도 설득을 해본 경험이 있는 사람이라면 분명히 동의할 것이다. 세상에는 수많은 사람들이 각기 다른 사고와 다른 의견을 가지고 살아가고 있다.

그런데 어느 한 사람이 자신이 고집하는 방향으로 사람들의 마음을 변하게 말하는 것은 참으로 쉽지 않은 일이다. 설득하는 사람의 예를 들어보자.

자동차 세일즈맨은 고객에게 말한다.

"저희 신제품 자가용을 구매하세요."

골프 코치는 고객에게 말한다.

"저에게 레슨을 한번 받아보세요."

국회의원은 국민들에게 말한다.

"저를 찍어 주세요."

이때 반드시 필요한 게 설득의 요령이다. 설득을 잘 하기 위해서는 설득의 핵심 요령을 잘 습득해야한다. 그래야 자동차 세일즈맨, 골프 코치, 국회의원이 설득을 성공해 원하는 것을 얻을 수 있다.

전문가에 따르면 설득을 잘 하기 위해서는 다음의 3요소를 잘 갖춰야한다고 한다. 이는 고대 철학자 아리스토텔레스가 주장한 것이다.

- 에토스(Ethos): 이는 말하는 사람의 진실성, 도덕성, 매력도, 성품을 의미한다.
- 파토스(Pathos): 청중과의 정서적 호소와 공감대를 의미한다.
- 로고스(Logos): 메시지의 논리성을 의미한다.

이 설득의 3요소를 잘 갖출 때, 설득의 달인이 될 수 있다. 그렇다면, 어떤 프로의 하이멘탈을 통해 설득의 3요소를 자기 것으로 만들 수 있을까? 골프의 정신인 정직의 매너, 존중하고 소통하면서 함께하는 매너 그리고 기본기를 위해 연습하는 자신감이 설득의 3요소를 강화하여 자기 것으로 만든다. 하나씩 살펴보자.

1. 골프의 정신, 정직으로 매너를 갖춤으로서 에토스(Ethos)가 강화된다.

골퍼에게는 정직이 요구된다. 모든 선수는 골프의 정신에 따라 규칙을 지키면서 플레이해야 한다. 즉 성실하게 행동하고, 타인을 배려하며, 코스를 보호해야 한다.

이렇게 할 때 선수로서 인정받고, 존중받는다. 설득에서도 그렇다. 설득하는 사람의 도덕적이고, 진실한 인격을 갖춰야한다. 그래야 사람들이 설득하는 사람의 말을 경청하고 신뢰한다.

2. 존중하고 소통하면서 함께하는 매너로 파토스(Pathos)가 강화된다.

캐디는 골퍼와 정서적으로 동반자이다. 골퍼와 캐디는 서로 존중하고 수평적 소통을 할 때 최상의 팀워크를 발휘하고 좋은 결과를 끌어올릴 수 있다.

이처럼 설득에서는 설득하는 사람은 상대방과 수평적이고 원활한 소통의 관계를 만들어야한다. 그래야 정서적 호소가 통하도록 공감대가 형성이 된다.

3. 기본기를 위해 연습할 때 얻어지는 자신감으로 로고스(Logos)가 강화된다.

골프의 기본이자 핵심 기술은 스윙이다. 이는 수없이 반복해서 연습할 때 바른 스윙 동작이 나오게 되고 자신감이 생긴다.

설득의 경우도 그렇다. 설득의 기본이자 핵심 기술은 논리성 곧 주장에 대한 타당한 근거를 연결하기이다. 이는 하루아침에 만들어지지 않는다. 부단히 상대와의 경험을 통해 훈련을 할 때, 자신감 있게 논리적인 근거를 댈 수 있다.

04
공부의 프로가 된다

사람들은 살아가면서 한순간도 공부에서 손을 뗄 수 없다. 초중고 시절에는 주기적으로 시험공부를 해야 한다. 이는 궁극적으로 대학 입시를 대비하는 공부이다. 거의 대부분의 시간을 공부에 할애한 후, 대학교에 입학한다. 하지만 또다시 공부가 기다린다.

대학 전공 공부는 기본이고, 졸업 후 취업공부를 해야 한다. 이때 공인회계사, 의사 등의 국가고시를 비롯해 기관 및 기업체 입사 시험에 대비해 치열하게 공부에 매달린다. 이렇게 해서 원하는 직장을 얻었다면 그때는 공부를 하지 않아도 될까? 아니다. 또 그 직업 분야의 전문적인 지식 습득을 위한 공부가 기다리고 있다.

나의 경우, 대학교 4년 내내 장학생으로 공부했는데 4.5학점을 받은 적도 있다. 대학을 졸업 후에는 그 어느 때보다 더 열정적으로 공부를 하고 있다. 대학 때까지 수동적인 공부를 한 경향이 있었다면, 지금은 누가 시키지 않았지만 자발적으로 틈만 나면 공부를 한다. 그 공부는 바로 골프에 대한 것이다. 고객들에게 최상의 레슨을 하여, 고객의 실력을 향상시켜주기 위해 골프 관련 책과 논문들을 시간 날 때마다 살펴보고 있다. 그러면서 더 나은 골픈 이론과 기술을 갖추려고 노력하고 있다.

여기에다 나는 골프 강연을 꾸준히 해오고 있다. '골프 강연계의 설민석'이라는 닉네임이 회자될 정도로 퀄리티 높은 강연을 위해 많은 시간을 공부에 바치고 있다. 그러면서 강의 기법 책에서부터 인문서, 교양서와 자기계발서를 두루두루 섭렵하면서 공부를 하고 있다. 한 분야의 전문가가 되기 위해서는 최소한 스무 가지 정도의 학문을 공부해야하지 않나 생각이 든다. 이렇게 해서, 나날이 내 강의 실력이 높아지는 것과 함께 강의 콘텐츠 수준이 높아지고 있다.

이 과정에서 공부법, 학습법 책을 상당히 많이 읽어왔다. 이 책들은 저자에 따라 비법이 다르다. 그런데 크게 네 가지 공통점을 추려낼 수 있었다. 첫 번째는 목표를 세워 동기 부여하기, 두 번째는 집중력 발휘하기, 세 번째는 공부 습관 기르기, 네 번째 창의력 기르기이다.

그러면 프로의 하이멘탈의 어떤 것을 통해, 이 네 가지를 성공할 수 있을까? 목표를 세워서 추진함으로써 얻어지는 자신감, 정확한 순서를 반복하고 명상하기로 얻어지는 집중력, 체계적인 노력으로 아껴야하는 끈기의 인내력, 승리의 열쇠인 창의력이다. 하나씩 살펴보자

1. 목표를 세워서 추진함으로써 얻어지는 자신감은 목표를 세워 동기부여하기와 통한다.

마이클 조던, 데이비드 베컴, 타이거 우즈, 잭 니클라우스, 아니카 소렌스탐, 어니 엘스에 이르기까지 상위 10%에 드는 운동선수는 목표를 잘 세웠다. 유명한 선수들은 목표 없이 아무것도 할 수 없었다. 목표를 잘 세우는 것이 몹시 중요하다.

이는 공부법에도 그대로 적용된다. 해외에 한 번도 나가본 적이 없는데 하버드 의대에 합격하고, 하버드 의대 재학 시절 보스턴 대학교 MBA를 취득한 일본 공부의 신, 이노마타 다케노리. 그는 『하버드 최강 공부법』의 맨 앞에서 목표 설정을 강조했다. 이 목표가 결과를 내는 데 매우 유용하다고 하면서, 10년 분 목표를 세우고 목표가 되는 사람을 롤 모델로 삼으라고 했다. 목표 설정을 통해 무엇을 위해 공부를 해야 하는지, 왜 공부가 필요한지를 스스로 자각하라고 했다. 그는 말한다.

"이력서와 10년분의 목표를 비교해 가면서 단기적으로는 어떻게 공부하면 좋을지, 중기적으로는 어떤 식으로 시간과 노력을 투자하면 좋을지, 장기적인 목표를 향해 다가가고 있는지를 검토하면 좋다."

공부를 잘 못하는 가장 큰 이유는 목표가 없어서 동기부여가 되지 못했기 때문이다. 따라서 공부하려면 먼저 목표를 세워서 자신감을 키우자.

2. 정확한 순서를 반복하고, 명상하기로 얻어지는 집중력은 집중력
   발휘하기와 통한다.

집중력은 결국, 순서이다. 이 순서를 만들기 위해서는 의식적으로 훈련해야한다. 의식적으로 훈련한다는 것은 순서대로 따라해 보는 것이다. 순서가 없을 경우, 나만의 매뉴얼, 순서를 만들어 보는 것이다. 이렇게 순서가 만들어지면 그때부터는 반복하면 된다. 이와 함께 집중력을 배가시켜주는 명상을 해야 한다. 이렇게 할 때 골프의 집중력이 높아진다.

이처럼 공부에서도 정확한 순서를 만들고 반복하면 된다. 자신만의 공부 루틴을 만들고, 꾸준히 반복하는 사이에 놀라울 정도의 집중력이 생긴다. 공부 루틴이 깨질 때 산만해지고 집중력을 잘 하지 못한다.

그리고 집중력에 도움이 되는 명상을 하자. 명상이라고 해서 거창하게 생각하지 말자. 특별히 어디 가서 배우지 않아도 된다. 카페의 소음과 개울물 소리 같은 백색소음(White noise)의 도움을 받아보자. 이 백색소리가 명상할 때와 같은 효과를 나타내어 몰입 상태, 집중력을 끌어올린다.

3. 체계적인 노력으로 아껴야하는 끈기의 인내력은 공부습관 유지하
   기와 통한다.

사람들이 골프에 바치는 노력(학습)은 4단계로 나뉜다. 동기부여가 안 된 1단계(노력할 의욕 없음), 스스로 동기부여가 되어 있거나 호

기심에서 열심히 노력하는 2단계(막연하게 열심히 노력), 매뉴얼을 발견한 후 그에 따라 체계적인 노력을 하는 3단계(체계적이고 제대로 노력), 성공의 매뉴얼 곧 원리를 파악한 사람들이 하는 노력의 4단계(제대로 열심히 노력)이다. 골프 실력 향상에 성공하는 사람은 4단계의 사람이다. 이 사람은 골프 원리를 알기에 적은 시간을 투자하여 인내력을 아끼면서 높은 실력 향상을 발휘한다.

이와 함께 성공한 골퍼에게 요구되는 것은 열정적인 끈기다. 박세리, 박인비, 최경주, 고진영 이들을 만든 것은 천재적인 재능이 아니라 불굴의 근성 끈기다.

공부도 그렇다. 대부분 공부를 원하는 대로 잘 하지 못하는 부류는 1단계, 2단계, 3단계에 머물러 있다. 이와 달리 공부를 잘하는 부류는 4단계이다. 제대로, 열심히 공부를 하려면, 공부의 매뉴얼 곧 원리를 터득해야한다. 이렇게 할 때 쓸데없이 시간을 쏟고 인내력을 탕진하는 일을 방지할 수 있다.

그리고 잊지 말아야할 것이 있다. 서울대생은 과연 천재들만 들어갈 수 있을까? 사실은 그렇지 않다. 서울대생 평균 IQ는 놀랍게도 117다. 대다수가 평범하다는 말이다. 그런데 이들이 어떻게 서울대에 들어갈 수 있었을까? 그렇다. 그것은 바로 포기 하지 않고 지속적으로 공부 습관을 유지하는 굽히지 않는 끈기의 인내력 때문이다.

4. 승리의 열쇠인 창의력은 창의적 사고와 통한다.

프로골퍼는 드넓은 골프장에서 경기를 하기 때문에 공간지각능력이 탁월하다. 시각, 청각, 촉각 등 다양한 감각을 활용해 공간 관계와 위치를 파악하고 반응하는 능력이 그 어느 운동선수보다 높다. 그래서 저절로 프로골퍼들은 오른쪽 뇌를 많이 활용함에 따라 창의력이 높아진다.

이를 토대로 우수한 기량을 뽐내는 프로선수들은 경기를 독창적이고 새로운 방식으로 풀어간다. 따라서 우승 확률이 더 높아진다.

공부도 마찬가지다. 과거와 달리 요즘은 창의적 사고를 요구하는 공부가 중요시되고 있다. 암기식으로 공부하다가는 큰 성과를 내기 어렵다. 어느 분야의 공부이든 상관없이 중요한 것은 새로운 것을 도출할 줄 아는 창의적 사고다. AI가 지식이 요구되는 거의 모든 분야를 대체할 것이다. 하지만 그래도 창의력만큼은 인간의 고유한 비장의 무기로 남겨 있지 않을까?

05
관계의 프로가 된다

"성공하려면 사람들과 원만하게 관계를 맺어야합니다."

"인간관계가 성공을 열어주는 열쇠."

자기계발서에서 자주 접하는 말이다. 사람들은 성공에 관심이 많은데, 사실 성공은 타인과의 올바른 관계와 전혀 무관하지 않다. 전문가에 따르면, 21세기에 성공하기 위해서는 인간관계가 잘 유지되어야한다고 한다. 이제는 탁월한 스펙과 지능, 업무 역량과 기술, 유창한 언변만으로 성공이 보장되지 않는다는 것이다. 오히려, 인간관계가 다른 무엇보다 확실히 성공의 길을 보장해주는 요소라고 한다.

그래서 신조어 공존지수(NQ, Network Quotient)가 생겨났다. 이 의미는 이렇다.

남과 더불어 잘 살 수 있는 능력

여기서 주목할 곳은 '더불어'이다. 이는 타인을 존중하면서 수평적으로 함께 한다는 의미다. 타인과 함께 더불어 소통하는 능력이 커질 때 공존지수가 높아진다. 이때 사회적 성공 확률이 높아진다. 『NQ로 살아라』의 김무곤 교수는 이렇게 말한다.

"NQ(Network Quotient, 공존지수)는 다른 사람들과의 네트워크를 얼마나 잘 만들고, 잘 꾸려나가는가를 나타내는 척도입니다. 사람이 사람을 얼마나 행복하게 할 수 있는지 그것을 알아보는 지수입니다. 예수가 NQ의 원조, NQ의 천재인 까닭을 아시겠죠? 그는 다른 사람을 만나 행복했고, 다른 사람을 행복하게 했습니다."

그런데 만약, 이기적인 성향으로 타인과의 원만한 관계가 깨진다면 어떻게 될까? 우리는 주위에서 종종 이런 부류의 사람들을 접한다.

"다른 사람의 감정이 어떻든 말든 상관없어."
"직원은 고용된 사람이니까 마음대로 부려먹어도 돼."
"내 의견에 따르지 않는 사람과는 상종하지 않아."

이 사람의 머릿속에는 '더불어'라는 말이 없다. 대신에 '오로지 나만'이 있다. 그래서 사람들과의 관계가 원활하지 못하다. 타인을 무시하기 때문에 관계가 삐걱거림에 따라 갈등이 자주 생긴다. 이러고도 자신이 성공할 수 있다고 본다면 오산이다. 그에게는 공존지수가 낮기 때문이다.

영국의 골프 평론가 헨리 롱허스트는 "골프를 하면 할수록 인생을 생각하게 되고, 인생을 보면 볼수록 골프를 생각하게 된다"는 명언을 남겼다. 실제로 나 역시 골프라는 한 우물을 파오다보니, 이 명언이 틀리지 않았음을 깨닫고 있다. 한 홀 한 홀에서 인생을 배우고 있다. 이 과정에서 골프 기술이 특히 인간관계 맺기와 연결된다고 생각하고 있다. 다음의 '인간관계 4단계'를 만들어봤다.

〈1단계〉The Driver: 멀리서 다가오는 사람, 호기심 단계

- 오늘은 또 어떤 사람과 만나게 될까? 라고 생각한다.

〈2단계〉The Iron: 계속 이어지는 만남, 아는 단계

- 한번 만난 후 인연을 이어가려고 종종 연락을 주고받으며 알아간다.

〈3단계〉Approach: 자주 보는 사람, 친한 단계

- 종종 만나다보니 친해지고 싶어서 더 자주 보게 된다.

〈4단계〉Putting: 언제든 찾게 되는 신뢰단계

- 두 사람은 서로 도움을 줄 수 있는 신뢰관계가 된다.

웬만큼 골프를 쳐본 사람은 금방 이해되리라 생각한다. 인간관계를 잘 이어가려면 현재의 단계가 어느 단계인지 파악해야하고, 그런 후 최종적으로 'Putting: 언제든 찾게 되는 신뢰단계'로 나아가야 한

다. 이렇게 해서 신뢰단계의 인간관계를 잘 유지할 때, 비로소 더불어 잘 사는 공존지수(NQ, Network Quotient)가 높아진다. 바로, 이때 성공하는 사람의 삶을 누리게 된다.

공존지수(NQ, Network Quotient)를 높이기 위해, 프로의 하이멘탈로 어떤 게 필요한지 알아보자. 재능을 이기는 불굴의 근성으로서의 끈기의 인내력과 프로를 완성하는 매너, 문제를 해결하는 융통성이다. 순서대로 알아보자.

1. 재능을 이기는 불굴의 근성으로서 끈기의 인내력이 공존지수(NQ, Network Quotient)를 높인다.

골프를 잘하려면, "아직 안되는구나. 하지만 아직 포기하기에는 일러.", "결과가 안 좋은데 어떻게 하면 좋은지 해법을 찾아보자."는 자세가 요구된다. 포기하지 않는 끈기가 중요하다.

인간관계도 그렇다. 서로 다른 직업과 성격, 취미를 가진 각양각색의 사람들과 원만히 더불어 관계를 맺기가 생각만큼 쉽지 않다. 오해, 불신, 선입견 등의 장애가 있기 때문이다. 따라서 이로 인해 타인과 마찰, 갈등이 생기더라도 끈질기게 타인에게 마음의 문을 열어줘야 하고, 타인이 다가올 때까지 기다려줘야 한다. 이렇게 할 때 비로소 삐걱거리던 관계가 원만한 관계로 만들어질 수 있다. 어릴 적엔 적과의 동침이 이해할 수 없었고 이해하기도 싫었지만, 지금은 필요에 따라 적을 내 편으로 만들 수 있다는 것을 사회생활을 하면서 알게 되었다. 영원한 내 편도, 영원한 적도 없다는 말이 와닿는다면 당신은 어떤 인간관계도 성공할 수 있다.

2. 프로를 완성하는 매너가 공존지수(NQ, Network Quotient)를 높인다.

프로 골퍼를 완성하는 것은 매너, 도덕성이다. 여기에는 겸손, 정직과 같은 바른 인성과 함께 존중하고 소통하면서 함께하는 자세가 요구된다. 이렇게 할 때 진정한 프로로서 인정받고 존중받을 수 있으며, 제 기량을 차질 없이 펼칠 수 있다.

인간관계도 마찬가지다. 타인과 더불어 관계를 맺으려면, 기본적으로 매너를 갖추어야한다. 에티켓이 없고, 거만하고, 부정직한 사람이 타인과 올바로 관계를 맺는 것은 사실상 불가능하다. 자신이 먼저 매너를 갖출 때, 원만한 인간관계가 술술 열린다.

3. 문제를 해결하는 융통성이 공존지수(NQ, Network Quotient)를 높인다.

융통성의 유무가 아마추어 골퍼와 프로 골퍼를 나누는 기준 가운데 하나다. 아마추어는 문제 상황을 맞닥뜨렸을 때, 기술 하나에 의존하는 수준에 머문다. 이에 비해 프로는 융통성 있게 여러 가지 해법을 도출해낸다. 이렇게 해서 승률을 높인다.

관계에서도 그렇다. 융통성 있는 사람의 반대는 고지식한 사람이다. 고지식한 사람은 자기만의 원칙과 고집을 주장하기 때문에 타인과 융화가 되기 힘들다. 그래서 갈등과 불화를 몰고 다닌다. 고지식한 사람은 성격에 날카로운 모서리가 있는 것과 같다. 주변 사람들이 그와 지내는 게 불편하다. 따라서 주변 사람과 더불어 잘 지내려면 융통성을 가져야한다. 융통성이 관계의 윤활유 역할을 한다.

　내가 인간관계를 잘 유지하기 위해 노력하는 것 중 하나가 있는데 그것은 바로, 너무 애쓰지 않는 것이다. 친해지기 위해 너무 애쓰지 말고, 밀어내기 위해 애쓰지 않는 것이다. 인간관계는 애를 쓸 수록 멀어지게 된다. 그저 내 마음이 만나기 싫을 땐 안 보면 되고 보고 싶을 땐 상대방의 동의를 구한 후 보면 된다. 만약 상대가 원치 않는다면 너무 애쓰지 않는 것이 인간관계에 좋다.

06
건강의 프로가 된다

'골라잡는 프로(골프와 라이프) 황형철'

'골프 마황(골프 마스터) 황형철"

현재의 나를 수식하는 말이다. 처음에는 내 입에서 나온 말이지만, 이제는 주변 분들이 알아서 나를 그렇게 부른다. 더 나아가 내게 강연을 요청해오는 기관과 기업체에서도 나를 그렇게 부른다. 내게 통화를 하자마자 이렇게 말한다.

"골라잡는 프로님이시죠?

"골프 마황, 황형철 강사님이시죠?"

이 말을 듣는 순간 참으로 뿌듯하다. 골프 레슨뿐만 아니라 이제는 강연계에서도 점차 내 입지를 구축해가는 듯하기 때문이다. 그런데 나를 잘 모르는 분들은 원래 내가 사교적이고 대중 앞에서 말을 잘 하는 사람으로 생각한다. 실제로는 전혀 그렇지 않다. 나는 내성적이고 사람들 앞에만 서면 쭈뼛거리는 사람이었다. 이런 내가 180도로 확 바뀌었다. 강연 피드백을 받아보면 종종 이렇게 나온다.

"즐겁고 유익하고 탁월했습니다."
"유머감각이 있으셔서 시간 가는 줄 몰랐습니다."
"언제 방송에 나오시나요? 이런 강의는 처음입니다."

그렇다면 어떻게 지금의 내가 될 수 있었을까? 가장 큰 이유로 신체적 건강을 꼽고 싶다. 초등학생 때부터 대학생이 될 때까지 늘 나와 함께 했던 것이 운동이다. 초등학생 때 육상대표를 했고, 중학교 때에는 권투를 비롯해 여러 가지 무술을 익혔다. 이후, 대학생 때는 골프를 했다.

이렇게 오랫동안 운동을 해오다 보니, 나는 매우 건강하다고 자부하고 있다. 현재, 나이가 40대 중반이지만 여전히 튼튼한 건강에서 늘 에너지가 솟구친다. 보통은 나이가 듦에 따라, 집중력, 자신감, 인내력이 쳐지기 마련이다. 하지만 나는 건강한 편이다. 팔굽혀펴기를 한 번에 100개 이상 할 수 있고 턱걸이는 10개 정도를 유지한다. 2019년 7월부터 현재까지 서울과 부산을 매주 왕복하며 비즈니스를 한다. 이런 체력 덕분에 매사에 집중력, 자신감, 인내력을 최고로 발휘할 수 있다.

이렇게 건강한 내가 3가지 하이멘탈을 최상으로 끌어올릴 수 있기 때문에, 낯선 분야인 강연계에서 발군의 실력을 발휘할 수 있었다. 처음에는 내성적이고 낯가림 심한 성격이 큰 장애 요소였다. 하지만 나에게는 3가지 하이멘탈이 있었고, 이것을 무기로 그 장애요소를 훌쩍 뛰어넘었다. 나는 3가지 하이멘탈을 자연스럽게 선사하는 건강에 참으로 감사함을 느낀다.

사회의 어느 분야에서든 마찬가지가 아닐까? 그 분야에서 일가를 이루려면 튼튼한 건강이 기본이 되어야한다. 실력을 다 갖추었어도 건강이 따라오지 못하면, 뜻한 바를 이룰 수 없다. 건강은 실력을 최고조로 유지하기 위한 필수 요건이다.

그래서인지 요즘 부쩍 건강관리가 중요시되고 있다. 남녀 모두가 요가와 필라테스, 그리고 더 멋진 몸매를 위해 피트니스를 하고 있다. 그리고 남녀 나이 불문 등산, 마라톤, 걷기, 자전거 타기 등의 유산소 운동을 많이 하고 있다. 여기에 골프도 빼놓을 수 없다. 자신의 건강을 위해 건강한 신체를 만들고자 많은 땀을 흘리고 있다.

프로의 하이멘탈을 통해 어떻게 건강을 강화할 수 있는지 알아보자. 과연, 어떤 하이멘탈이 건강을 강화하는데 도움이 될까? 자기 관리로 습관을 길들여 얻어지는 집중력, 이미지를 생생히 구체화함으로써 얻어지는 자신감, 실패에 대한 회복탄력성으로 얻어지는 인내력이다. 하나씩 알아보자.

1. 자기 관리로 습관을 길들여 얻어지는 집중력이 건강을 강화한다.

골퍼들은 선수 개개인의 자기관리 행동에 전념함으로써 골프 경기에 임하는 몰입력 곧 집중력을 향상시키고 있다. 자기관리는 곧 루틴을 말한다. 루틴을 일정하게 지속적으로 반복할 때, 고도의 집중력이 나오고 경기 성적이 좋다.

건강을 위한 운동도 그렇다. 일정한 루틴을 유지해야, 집중해서 운동을 지속할 수 있다. 같은 시간대, 같은 장소에서 늘 하던 패턴대로 운동을 해야 운동 습관을 만들 수 있고, 이때 집중력이 발휘되기에 운동 효과가 높다. 결과적으로 더욱 건강해진다.

2. 이미지를 생생히 구체화함으로써 얻어지는 자신감이 건강을 강화한다.

골프의 제왕 잭 니클라우스는 "골프의 구성요소 중 50%는 멘탈, 40%는 셋업, 그리고 나머지 10%는 스윙이다"라고 했다. 이와 함께 그는 멘탈 강화를 위해 심상 훈련 곧 이미지트레이닝(Image training)을 강조했다. 그가 머릿속으로 생생히 구체적으로 그리는 대로 볼이 따라감에 따라, 자신감 있게 경기를 운영하기에 승리의 여신이 늘 그의 곁에 있었다.

건강을 위해서도 이미지트레이닝이 중요하다. 운동을 통해 만들어진 건강한 자아의 생생하고도 구체적인 이미지를 그려내야 한다. 그 이미지가 한결같은 건강을 보장할 것이다. 건강한 자신의 모습을 사진으로 찍어서 잘 보이는 곳에 걸어두는 것이 효과적이다. 그 사진을 자주 보면서, 머릿속에서 건강한 자신의 이미지가 떠나지 않게 만들면 자신감 있게 건강을 유지할 수 있다.

3. 실패에 대한 회복탄력성으로 얻어지는 인내력이 건강을 강화한다.

골프 경기 시에는 해저드, 모래벙커. 러프의 장애물이 있다. 프로도 이 장애물을 피할 수 없다. 하지만 프로는 회복탄력성으로 그런 실패를 극복한다. 프로는 인내력으로 실패를 극복하는 사람이다.

건강도 그렇다. 아무리 튼튼한 사람이라 할지라도 예상치 못한 복병을 만날 수 있다. 병에 걸리거나, 사고를 당할 수 있다. 그리고 이런 저런 이유로 운동을 중도에 포기할 수 있다. 이때 건강관리를 그만둔다면, 영영 다시는 튼튼한 건강을 회복할 수 없다. 건강관리에는 변명이 있을 수 없다. 어떤 실패 요소가 찾아오더라도, 회복탄력성으로 인내력을 발휘한다면 더욱 건강한 삶을 유지할 수 있다.

07
행복의 프로가 된다

"행복이 뭐라고 생각하세요?"

강연할 때마다 내가 청중에게 던지는 질문이다. 누군가 나를 보고, 골프라는 스포츠 전문가일 뿐 감히 행복을 운운할 수 있겠느냐고 볼멘소리를 할지 모르겠다. 그렇다. 나는 골프 전문가이다. 그런데 골프를 한두 해도 아니고, 25여 년 해왔다. 이렇게 자나 깨나 오로지 골프만을 생각하고 살다보니 내 나름 골프를 통한 인생 통찰을 가지게 되었다.

골프와 실제 경기에서 생기는 갖가지 상황은 인생과 닮은꼴이다. 실제로 여러 가지 면에서 인생과 유사하다. 그 가운데 내가 자주 예로 드는 게 '딤플'이다. 딤플의 원래 뜻은 보조개이며, 이는 골프 공 표면에 마맛자국처럼 파여 있는 자국을 말한다. 골프공에는 딤플이 300~500개 정도가 있으며, 그 깊이는 0.175mm이다.

처음부터 골프공에 딤플이 있었던 게 아니다. 영국에서 골프가 처음 시작되었을 때는 매끈한 표면을 가지고 있었다. 그런데 사람들이 공을 많이 칠수록 흠집이 하나둘 생기기 시작했다. 다른 스포츠 같으면 이럴 때 즉각 새 공으로 교체해야하는 게 맞다. 야구, 당구, 탁구 다 그렇다. 조금만이라도 공에 흠이 있으면 그 공은 경기에 사용할 수 없는 것으로 생각한다.

그런데 골프에서는 달랐다. 흠집이 많아지는 공을 치던 사람들이 수군거리기 시작했다.

"와, 흠집이 생긴 공이 새 공보다 더 멀리 나가네요."

"정말 신기한 일입니다. 흠집이 많이 생긴 게 더 멀리 나가는 게 확실합니다."

이런 계기로 아예 골프공에 흠집을 만들었다. 이게 딤플이 있는 현재 골프공이 되었다. 흠집이 있는 공이 더 멀리 날아가는 것은 과학적으로 입증이 되었다. 공이 날아갈 때 공의 뒤에는 진공이 되기 때문에 이것이 공을 뒤로 끌어당긴다. 그런데 공 표면에 딤플을 새기면 진공의 힘을 줄인다. 딤플이 회오리를 일으켜서 진공의 저항을 줄이는 것이다. 그래서 딤플은 골프공의 운전대와 같다. 이렇게 골프공에서 딤플이 차지하는 역할이 크다. 그래서 몇몇 골프 관계자들은 딤플이 없었더라면 지금까지 골프가 살아남지 못했을 것이라고 이야기를 한다.

우리의 삶도 그렇다. 흠집 하나 없는 반듯한 삶보다는 숱한 경험 속에서 흠집을 많이 갖고 있는 삶이 더 멀리 간다. 외형적으로는 실패, 결핍이 없는 완벽한 삶이 나아 보인다. 그런데 딤플이 없는 골프

공처럼 멀리 가지 못한다.

많이 깨져보고, 부족함을 경험해보는 삶이 딤플이 있는 골프공처럼 더 멀리 날아간다. 이는 앞서, 회복탄력성, 불굴의 근성 끈기, 끝끝내 승리하는 존버에서 잘 설명해드렸다. 실패, 부족은 성공하는 데 결정적인 장애요소가 아니다. 실패와 결핍을 오래 버티고 극복하는 것이 진정한 성공의 길이 된다. 흠집 많지만 그것을 오래 참고 극복하는 사람이 마침내 원하는 것을 얻는다. 그래서 진정한 의미에서 행복한 사람은 흠집이 많지만 그것을 극복한 사람이다.

다시 앞의 질문을 돌아가자. 행복이 뭘까? 행복은 최종적인 승리를 위해, 하루하루 묵묵히 흠집, 딤플을 온몸에 새기고 있는 순간이라고 본다. 꿈과 목표와 우승을 위해 자꾸 쓰러져도 다시 일어서는 순간에 얻어지는 것이라고 본다. 온몸에 생긴 수많은 상처가 영광의 상처이기에 우리는 행복을 만끽할 수 있다.

행복을 뜻하는 영어 'Happiness'의 어원은 '발생하다'이다. 이에 따르면 행복은 미래에, 나중에 무언가를 소유하고 획득할 때 얻어지는 게 아니다. 행복은 최종 승리를 향해 나아가는 지금 바로 이 순간에 저절로 발생하는 것이다.

지금, 미래를 위해 실패를 무릎 쓰고 나아가는 모든 사람들에게 행복이 발생하고 있다. 바로 지금, 우리는 기꺼이 행복을 만끽해야한다.

어떤 프로의 하이멘탈이 행복을 증진시킬까? 어떤 프로의 하이멘탈이 행복과 직결할까? 명상으로 얻어지는 집중력과 좋은 기량을 이끌어내는 겸손의 매너다. 하나씩 알아보자.

1. 명상으로 얻어지는 집중력이 행복을 증진시킨다.

타이거 우즈는 명상의 집중력으로 최고의 경기력을 발휘했다. 그는 경기에서 승부를 할 때 자신을 바라보면서, 초조함과 꼭 이겨야만 한다는 욕심을 버렸다. 그다음 홀가분한 마음으로 공을 쳐서 수많은 우승을 얻어냈다.

행복하지 않은 것은 행복한 것을 모르기 때문이다. 고요히 숨을 고르면서 편한 방식으로 자기만의 명상을 하자. 잡념, 불만, 상처, 걱정, 트라우마 등이 씻은 듯이 사라지는 경험을 하게 된다. 이때 자신이 행복하다고 자각하게 된다. 이와 함께 홀가분하게 내 삶의 행복에 집중할 수 있다.

2. 좋은 기량을 이끌어내는 겸손의 매너가 행복을 증진시킨다.

박세리 선수는 "시도하라, 대신 스스로에게 덜 인색하라"고 했다. 이는 프로골퍼로서 화려한 꿈을 쫓기만 하다가 자기 비하에 빠지는 우를 범하지 말라는 것이다. 꿈을 쫓아가되, 현재 지금 나 자신에게 무리한 요구를 하지 말자. 지금 부족한 모습 그대로를 겸허히 인정하고 그것에서 행복을 만끽해야한다.

인생은 마라톤이다. 긴긴 시간 끝에 최종 목적지에 도착한다. 그러면, 인생의 결승선을 달려가는 과정은 오로지 고통일 뿐인가? 아니다. 설령 다른 사람보다 뒤쳐졌다 하더라도 욕심을 내지 말고 자신의 실력에 겸손해 하고 자기 페이스를 유지하면서 달려 나가야한다. 이때 하루하루 행복을 느낄 수 있다.

당신은 진정한
인생의 하이멘탈 프로다

세상에는 수많은 자기계발서와 성공학 책이 있다. 다들 스스로의 경험을 통한 나름의 공식과 이론을 논리적으로 펼치며 자신과 같이 실행하면 성장 또는 성공할 수 있다고 주장한다. 우리는 이런 류의 책을 수도 없이 많이 봐왔다. 나 또한 그런 책을 발판으로 성장해왔다. 그 중엔 정말 유익한 책들도 있지만, 실행하기 어려운 이론만 설파하는 책도 있다.

내가 내놓은 이 책은 기존의 자기계발서와는 다른 관점으로 접근하려고 했다. 프로 골프 선수의 하이멘탈의 중요성을 과학적으로 설명했으며, 그 하이멘탈이 골프 실력은 물론 우리 삶을 변화시킬 수 있음을 보여주었다. 이름만 들어도 가슴 설레는 유명한 프로 골프 선수들은 모두 프로의 하이멘탈로 현재의 위업을 달성했다. 타이거 우

250

즈, 박세리, 박인비, 고진영, 박성현, 김세영, 최경주, 양용은이 그렇다. 이 외에도 한국을 대표하는 많은 프로들 중 상위 1%를 유지하는 프로들이 다 그렇다.

이 프로의 하이멘탈 6가지는 비단 골프 스포츠에만 통용되는 게 아니라 바로 우리 삶의 모든 분야에서 효과적으로 발휘할 수 있다. 이 책을 통해 당신이 프로의 하이멘탈을 잘 적용한다면 경영, 협상, 설득, 공부, 관계, 건강, 행복 면에서 상위 1% 프로가 될 수 있다. 이를 통해 당신은 진정한 인생의 프로로 성장할 수 있다.

어려서부터 여러모로 부족했던 내가 지금의 자리에 오기까지 성장한 것을 살펴보면, 프로의 하이멘탈이 많은 도움이 되었다고 생각한다. 이제 와서 말하지만 내가 수많은 스포츠 중에 골프를 선택한 이유 중 하나가 단체운동이 아니라는 점이다. 그리고 자기 자신만 잘하면 파벌이나 학연, 지연이 없어도 성장할 수 있는 스포츠였기 때문이다. 특히, 나는 인간관계가 불편한 것을 싫어했다. 그래서 나에게 골프가 운명처럼 다가왔다.

하지만 골프라는 운동은 인간관계 개선에 좋은 영향을 주었다. 이와 더불어 건강과 행복의 질을 높여주었다. 10년간 서울의 강남 삼성역 주변에서 골프아카데미를 경영했을 때도 그렇다. 경영 수완을 발휘하면서 고객을 확보하기 위해 탁월한 협상, 설득 능력을 발휘했으며, 내 분야의 전문성을 위해 끊임없이 공부를 했다.

따라서 이 책은 하이멘탈로 성공적인 인생을 살게 된 내 자신이 직접 체험한 것을 정리를 해놓은 것이다.

　이미 프로의 하이멘탈을 소유한 독자라면 이 책의 글에 공감을 할 것이다. 그렇지 않은 독자라면 이 책을 읽어 보며 하이멘탈을 골프와 삶에 적용해 보길 희망한다. 앞서 이야기 했듯이 이 책이 유용하게 느껴졌다면, 3사이클 법칙을 이용해 세 번 정도 가볍게 다시 읽어보길 권하며 글을 마친다.